フランスのかわいい村のクロスステッチ

240点のモチーフでつづる
フランスの香り

Parfums de France au point de croix
Marie-Anne Réthoret-Mélin

First published in 2011 by Le Tenps Apprivoise
© Libella, Paris 2011

Ce livre, à l'image des paysages de notre pays, réunit une diversité de visages et de talents :
Valérie, Isabelle, Fabrice (photographies), Sonia (stylisme)…
Merci à ceux qui composent mon paysage quotidien. De tout coeur, merci à tous, de m'avoir accompagnée.

Direction éditoriale : Valérie Gendreau
Édition : Isabelle Riener
Relecture : Annie Testart-Louange
Conception graphique : Sonia Roy
Mise en pages : Coline de Graaff
Couverture : Coline de Graaff
Photographies : Fabrice Besse
Stylisme : Sonia Roy
Fabrication : Géraldine Boilley-Hautbois, Louise Martinez
Photogravure : Nord Compo

This Japanese edition was published in Japan
in 2013 by Graphic-sha Publishing Co., Ltd.
1-14-17 Kudankita, Chiyoda-ku, Tokyo 102-0073, Japan

ISBN 978-4-7661-2506-1 C2077

Japanese text and instruction page pp. 120-127
© 2013 Graphic-sha Publishing Co., Ltd.

All rights reserved. No part of this publication
may be reproduced, stored in a retrieval system, or
transmitted in any form or by any means, electronic,
mechanical, photocopying, or otherwise, without the
prior permission of the publisher.

Printed and bound in Japan

Japanese edition
Translation: Rica Shibata
Layout and design: Shinichi Ishioka
Instruction page production: Akiko Tanaka
Jacket design: Chiaki Kitaya (CRK design)
Editor: Kumiko Sakamoto (Graphic-sha Publishing Co., Ltd.)

Plaisir du fil　　Marie-Anne Réthoret-Mélin

フランスのかわいい村の
クロスステッチ

240点のモチーフでつづる
フランスの香り

グラフィック社

Préface はじめに

フランス東部で生まれた私は、フランス西部で育ちました。
そんな私が、クロスステッチでつづる"美しいフランス大紀行"の世界へご案内します。フランスの雄大な空と大地や、紺碧の海に思いを馳せたり、アルプスの山々からのさわやかな風を感じながらステッチしてみてください。

フランス各地の伝統的な家々や、そこに暮らす人々の生活、動植物、模様、名産品……。地方色満載のモチーフに触れながら、あなたの生まれ故郷やバカンスを思い出すきっかけとなり、ステッチしたいという気持ちになりますように。

同じ図案でもパターンや色を変えて刺しゅうし、自分だけのオリジナルの世界を生み出してください。

それでは、すべてのクロスステッチ好きの皆さま、Bon voyage!(すてきな旅を)

マリー=アンヌ・レトレ=メラン

Marie-Anne Réthoret-Mélin

Sommaire もくじ

材料＆道具	8
基本のステッチの刺し方	10

Entre ciel et terre
空と大地のあいだで

農場にて	15
フレンチカントリーの風景	18
陽気なガチョウたち	21
気高いニワトリ	25
エスペレットの村で	29
エプロン	32
わたしの庭	35
鍋つかみ	38

Air des montagnes
山の暮らし

ようこそ	43
アルバムカバー	46
エーデルワイスの咲くころに	49
ハートのミニクッション	52
コウノトリのふるさと	57
飾りテープ	60
アルザスの赤い糸	63
刺しゅうのかわいいくるみボタン	66

Vent du sud
南仏の風

わたしの家	71
キーホルダー	74
太陽の花たち	77
お日さまのラベル	80
優しいつながり	83
荒涼とした風景の中	87
ビスコーニュ	90

Bord de mer
海辺にて

大いなる海	95
ビーチバッグ	98
海からの風	101
海の青さ	105
テーブルセンター	108
海をわたって	111
島の生きものたち	115
タオル＆ハンドタオル	118

Réalisations et conseils
作品の作り方とコツ　　120

Le matériel 材料＆道具

― 生地 ―

生地
この本で紹介している作品はすべて、1cm＝11目（ステッチは1cmあたり5.5目）のリネン（麻布）に刺しゅうしています。リネンは、織り糸が不規則で上級者向け。ナチュラルからアイボリー、そしてブルーからピンクまで美しい色が揃います。

アイーダ
クロスステッチに最適の布。縦横の織り糸が正方形に分割されているブロック織りで、布目が規則正しくきれいに揃っています。目数が数えやすいので、スピーディー＆正確にステッチが仕上がります。大作や複雑な作品も楽々。初心者はまず、このタイプの布をチョイスしましょう。カラーバリエーションも豊富です。

リネン＆エタミン
一般的にはクロスステッチ上級者向けの布。この手の布にステッチを刺すのはより経験を要します。布目がとても細かいので、根気強さと、視力の良さが必要になります。エタミンは布目は細かいものの、縦横の織り糸が規則正しく揃っているので、目数は数えやすいでしょう。刺繍用リネンのほうが、布目は不規則です。2目ごとにステッチするのが一般的ですが、1目ごとに刺す場合もあります。その場合、より緻密な作業になるので、ルーペは欠かせません。

― 刺しゅう道具 ―

刺しゅう針
クロスステッチを指すには、針先が丸いクロスステッチ針を使うのがおすすめです。布目を傷めることがありません。1本どり、2本どり、または3本どりに応じて、針穴は比較的大きめです。
・クロスステッチはたいてい2本どりでステッチを刺すので、24番の針がベスト。
・26番の針は、1本どりで刺す場合や、バックステッチなどを刺す場合に使用。

刺しゅう枠
布をぴんと張り、きれいなステッチを刺すために欠かせません。一番使いやすいのは、木製の円形2つを重ねたタイプのもの。サイズは各種あります。ステッチする図案の周りに少し余白ができる大きさのものを選びましょう。布をはさむときには、布目がまっすぐになっているかを確認してから、枠のねじをしめます。

糸
この本で紹介している作品はすべて、DMCの刺しゅう糸を使っています。DMCの刺しゅう糸は、カラーバリエーションが500種類ほどあるので、繊細なニュアンスを表現でき、洗練された作品に仕上がります。刺しゅうには25番刺しゅう糸がよく使われ、クロスステッチではたいていこの糸を使います。6本の細い糸がより合わさっていて、簡単に1本ずつ引き抜くことができます。

その他の道具
この本で紹介している作品を作るためには、最低限の裁縫道具も必要です。指ぬき、糸、針。また、刺しゅう糸を切るために小さな手芸用ハサミ、そしてリネンや木綿布を切るために裁ちバサミ。接着芯は、貼ることで表地を固くして補強します。

仕上げ
ステッチが完成したら、刺しゅう枠から布を外して、はみ出ている糸端をていねいに切り、中心にしつけた糸を取り除きます。水で軽く手洗いしてから清潔な布の上に置いて乾かし、完全に乾ききる前に厚地のタオルの上に移し、裏からアイロンをかけます。これで準備完了。額に入れたり、手を加えて作品に仕上げましょう。

La leçon de point de croix
基本のステッチの刺し方

― 刺しゅうを始める ―
布の中心（図案のモチーフの内側）から刺し進めていきます。中心部に刺しゅうする必要のない図案の場合には、中心から一番近い刺しゅうのエリアから刺し始めます。この本ではクロスステッチは2本どり、2目刺しで刺しています。

クロスステッチ
斜めのステッチ2本を交差させ、布目に対して×の形に重ねていきます。
・左下から針を出して右上に入りの順で刺し進め、つぎに右下から左上の順で戻るのが一般的。
・きれいに仕上げるために、×は同じ方向に刺していくこと。
・図案のモチーフの内側から外側に向かって刺す
　（例：中心→下部）。
・1つのエリアが終わったら次のエリアという風に刺し進める。
クロスステッチは、使う布の目数や、作品の細かさによって、糸を1本どり、2本どりまたは3本どりでステッチを刺します。

この本で紹介している作品はすべて、1cm＝11目のリネンに、2本どりでステッチしています。

ハーフステッチ
クロスステッチの半分を刺した斜めのステッチ。左下から針を出して右上に入りの順で刺し進めるのが一般的。単独のステッチの場合は、斜めに刺すだけ。

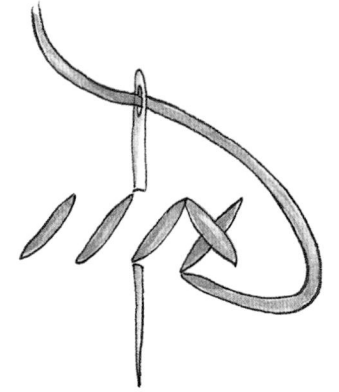

バックステッチ
このステッチは、モチーフの形や輪郭をはっきりさせたり、ボリュームを持たるために使います。目立ちすぎてはいけないので、部分的に施しましょう。使う布に応じて、DMCの刺しゅう糸を1本どりまたは2本どりでステッチします。この本で紹介している作品では、1本どりまたは2本どりで使用しています。クロスステッチ部分を仕上げてから、このステッチを刺していきます。

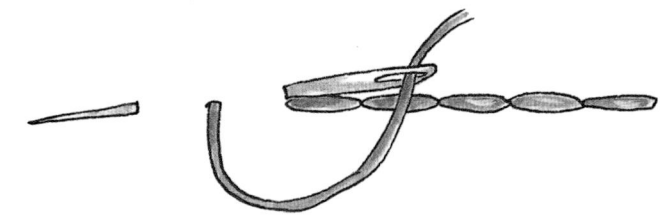

フレンチノットステッチ

小さな結び玉の立体的なステッチで、作品にニュアンスを与えてくれます。とくに、クロスステッチやバックステッチで刺したアルファベットに加えると、ぐんと引き立ちます。針を裏から表に刺し、針を寝かせて糸を1回または2巻きつける。糸を始めに出したところの近くに針を立て、糸をしっかりと引っ張りながら、針を裏へ通し、結び目を作る。

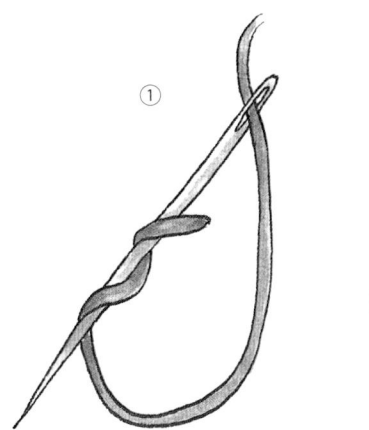
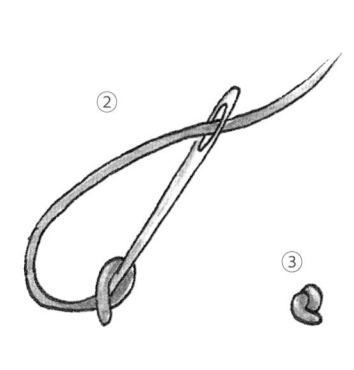

刺し始めと刺し終わり

基本的に玉結びはしない(作品にでこぼこができて、美しくないので)。

・刺し始めは布の裏側から刺し、糸端は3cm残しておく。ステッチを刺しながら、裏側に出た縫い目に糸端をくぐらせていく。

・途中で糸をつなぐ場合は、裏側に出た縫い目に糸端をくぐらせて始末する。新しい糸を刺し始めと同様に糸端を始末し、刺し始める。

・縫い終わりも玉留めせず、裏側に出た縫い目に数ステッチ分くぐらせて始末する。

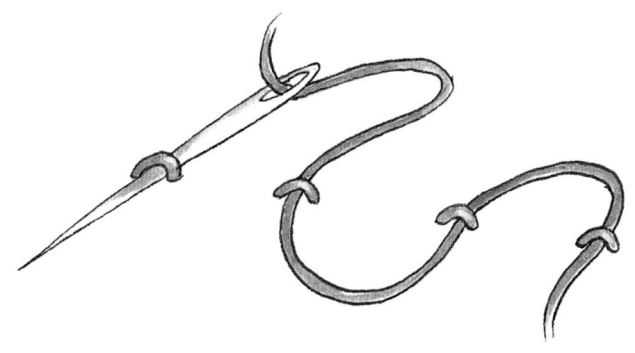

Plaisir du fil

Entre ciel et terre
空と大地のあいだで

パリから少し離れるだけで、緑ゆたかな田園地帯。
草むらでは虫たちが歌い、木々は花ざかり。
畑の向こうにたたずむ古い農家、
高らかに響く教会の鐘の音……。
ほら、ここにも小さな村の暮らしが。

À la ferme

農場にて

ゆるやかな丘の上、牛が草をはむ牧歌的な風景──。
英仏海峡に面したノルマンディー地方は、
カマンベールチーズやバター、クリームなど
豊かな乳製品をほこる、フランス屈指の酪農王国。

Tableau campagne
フレンチカントリーの風景

材料
- 刺しゅう布　麻布（ベージュ）：35×40cm
- 木綿布（赤のギンガムチェック）の端切れ：5×2.5cm
- ブレード（0.5cm幅）：5cm
- 生成のレース（1cm幅）：7cm
- 接着芯：5×2.5cm
- DMCの刺しゅう糸（321番）
- DMCの刺しゅう糸

出来上がりサイズ
- 35×40cm

刺しゅうのサイズ
- 約21.3×26.5cm

作り方
1. P.16のチャートを参照し、刺しゅう布に刺しゅうをする。
2. 木綿布の裏に接着芯を貼る。
3. 刺しゅう布（チャートの右四角部分）に、赤い糸（321番）1本どりで、2を細かいステッチで縫いつける。
4. ブレードとレースも同様に、刺しゅう布（チャートの左四角部分）に2本どりで縫いつける。

バリエーション

クロスステッチ2本どり
- ECRU(生成)
- 356
- 645
- 321
- 744
- 838

バックステッチ2本どり
- 3345
- 310

フレンチノットステッチ2本どり
- 310

Tableau campagne

Les oies
陽気なガチョウたち

フランス南西部のペリゴール地方。
手つかずの自然と渓谷の美しさの中に、
忽然と現れる中世の城砦都市……。
さらに、この地が秘めているのは、
フォアグラとトリュフの2大宝石。
ようこそ、美食の王国へ！

Le coq
気高いニワトリ

雄鶏はフランスのシンボルのひとつ。
それはラテン語のgallusが、
「ガリアに住む人」と「雄鶏」を表すことに由来して。
かつてフランスが、
"ガリア"と呼ばれていたころに思いを馳せ、
勇ましい雄鶏(コック)たちにオマージュを……。

Au pays d'Espelette
エスペレットの村で

ピレネー山脈のふもと、
フランスとスペインにまたがる
バスク地方は、独特の文化が根づく。
家々の壁には、"エスペレット"が吊るされて。
この辛みの少ない大きな唐辛子は、
バスク料理に欠かせない味の決め手。

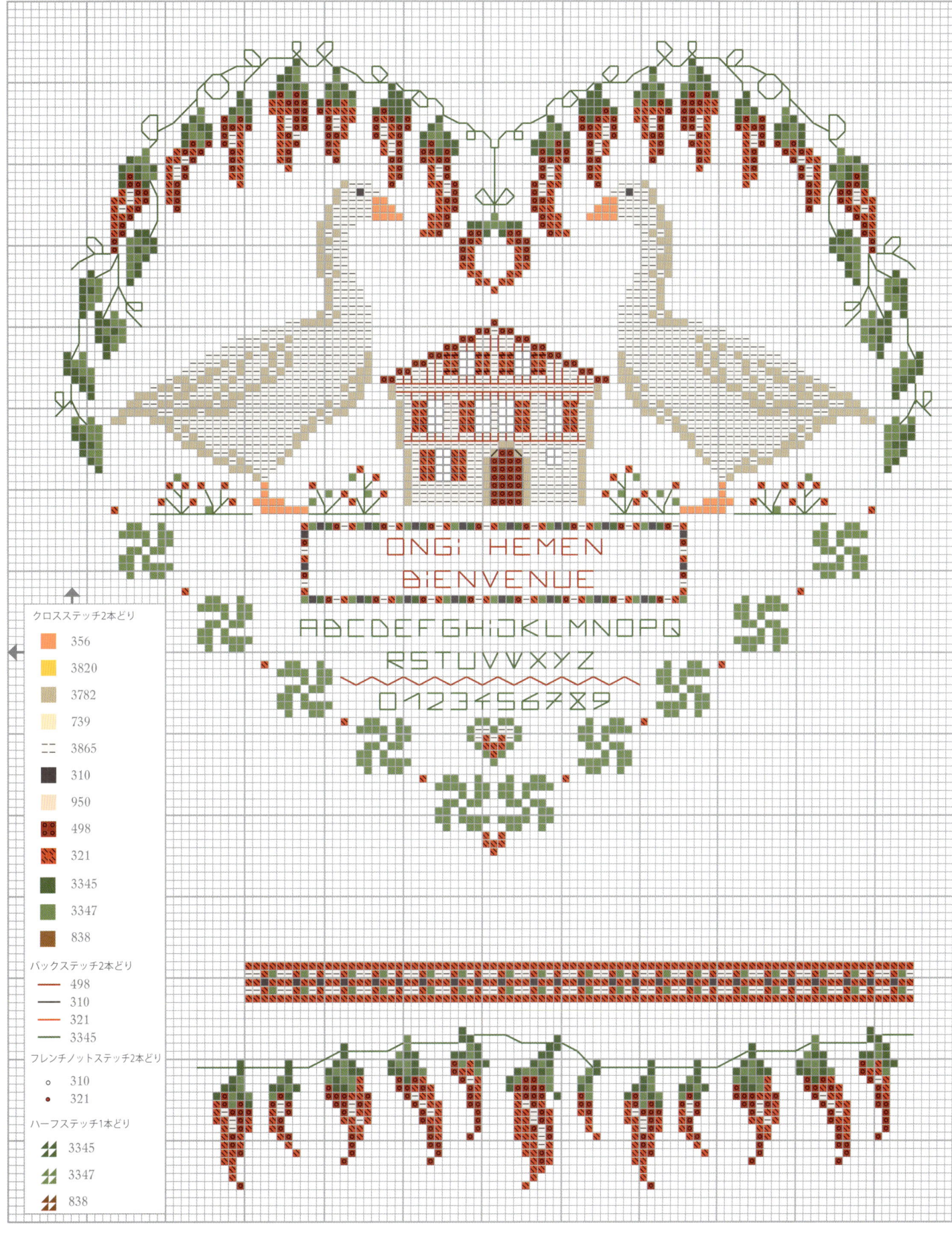

Le tablier
エプロン　　作品の作り方　P.121

エプロンの身頃の1/2の型紙
（250%に拡大してお使いください。）

中心わ

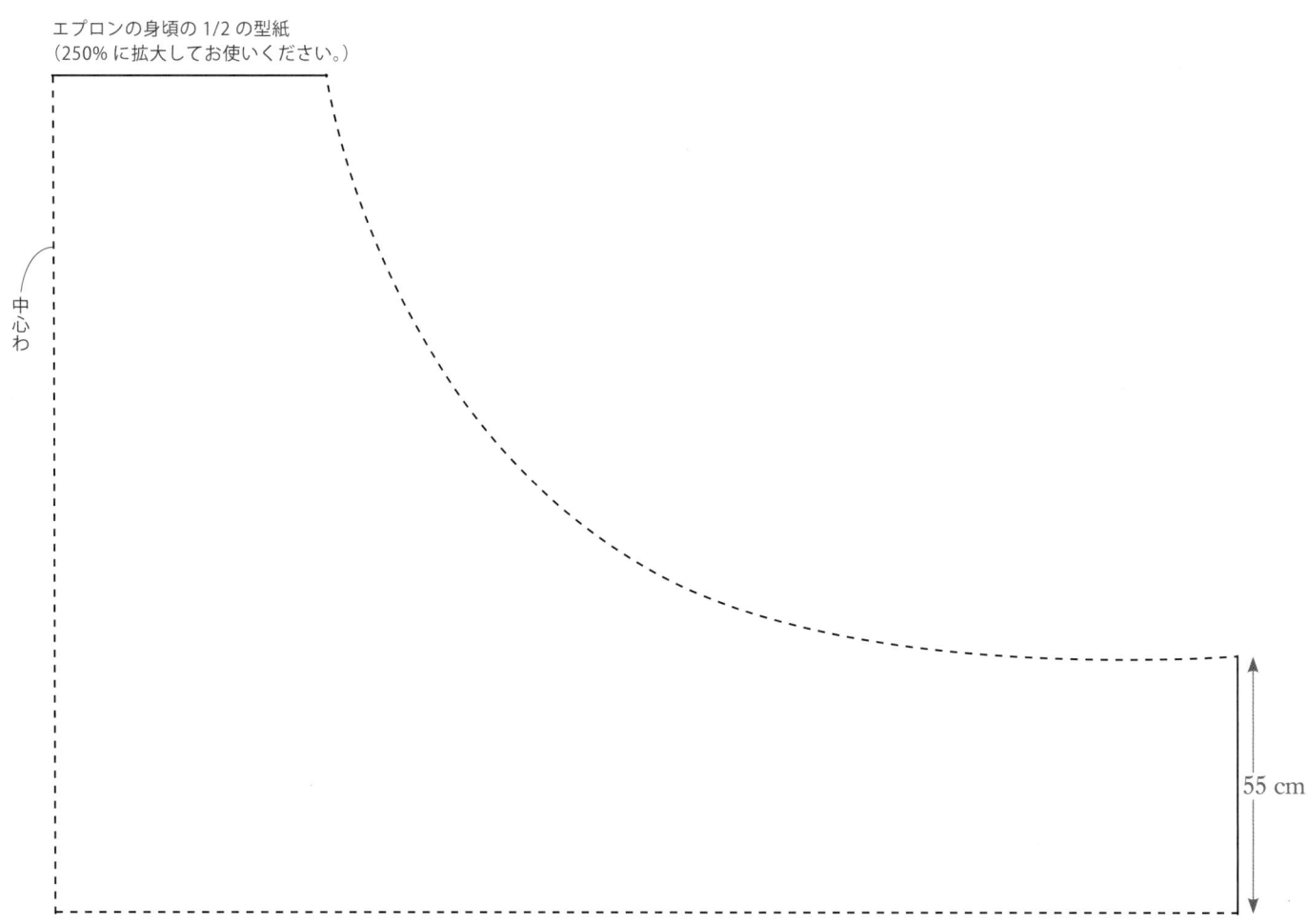

55 cm

Le tablier

Dans mon jardin
わたしの庭

パリのアパルトマン暮らしでも、
バルコニーに花や緑を飾って、
"小さな庭"で季節を楽しむのがフランス流。
でも、街を歩けば、
自然豊かな大きな公園があちこちに。
パリっ子にとっては、公園がまさに自分の庭。

クロスステッチ2本どり		
3348		356
3347		3858
312		321
3755		310
744		
3852		

バックステッチ2本どり
— 3347
— 312
— 310

ハーフステッチ2本どり
3347

フレンチノットステッチ2本どり
○ 310

37

La manique
鍋つかみ　　作品の作り方　P.121

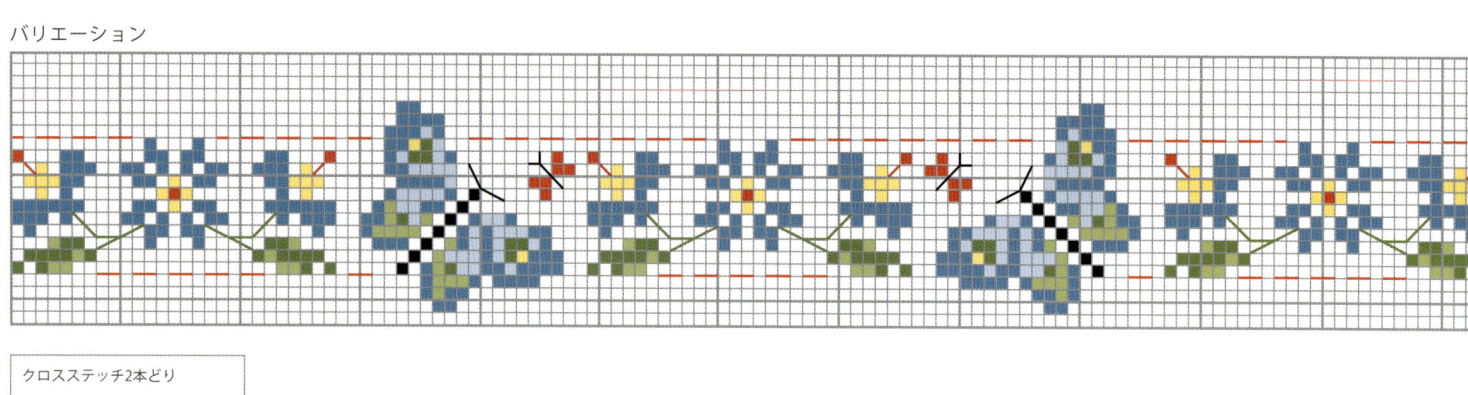

バリエーション

クロスステッチ2本どり
- 3348
- 3347
- 312
- 3755
- 744
- 3858

バックステッチ2本どり
- 3347
- 3858

La manique

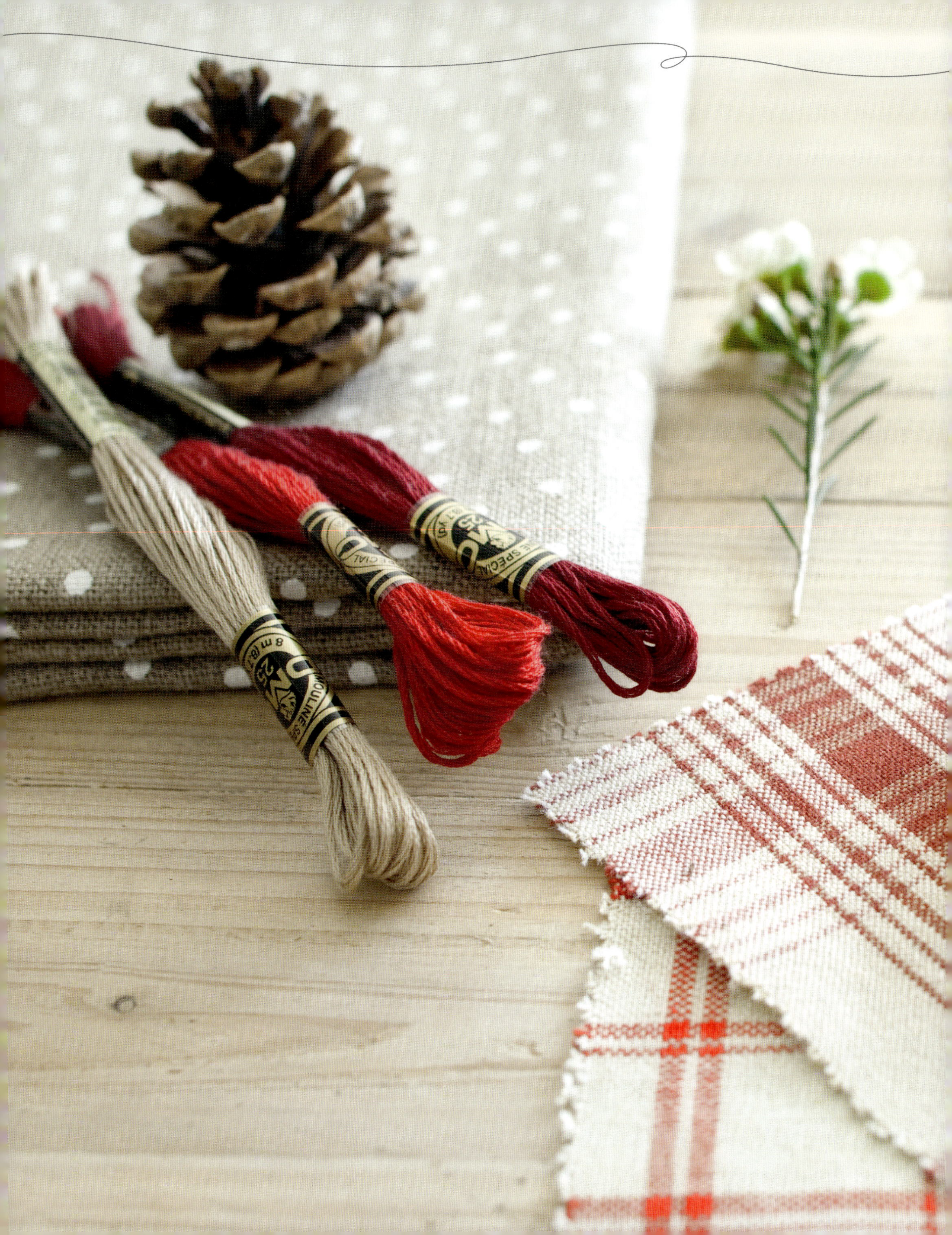

Plaisir du fil

Air des montagnes
山の暮らし

ピレネー、ヴォージュ、アルプス山脈……
山あいにひっそりとたたずむ小さな村々。
豊かな自然の中、
ぬくもりのある素朴な暮らしが憧れ。

BIENVENUE

Bienvenue
ようこそ

石窯で焼かれるカンパーニュ。
薪のオーブンからは、グラタンの美味しそうな匂い。
おもてなしの心あふれるオーベルジュで、
のんびり過ごす田舎の休日。

クロスステッチ2本どり	
■ 814	■ 3820
■ 498	■ 3760
■ 3782	
■ 3345	

バックステッチ2本どり
- 3345
- 814

クロスステッチ2本どり			フレンチノットステッチ2本どり	
■ 814	■ 3760	■ 950	○ 310	● 498
■ 321	■ 3752	═ 3865		
■ 3347	■ 838	■ 310	バックステッチ2本どり	
■ 3345	■ 3782		— 814	
■ 3820	■ 739		— 3345	
			— 310	

ハーフステッチ2本どり
- 3752

44

ABCDEFGHIJK
LMNOPQRST
UVW XYZ

CHALET

VENEZ RESPIRER LE BON AIR
DE NOS MONTAGNES

Album-photo
アルバムカバー　作品の作り方 P.122

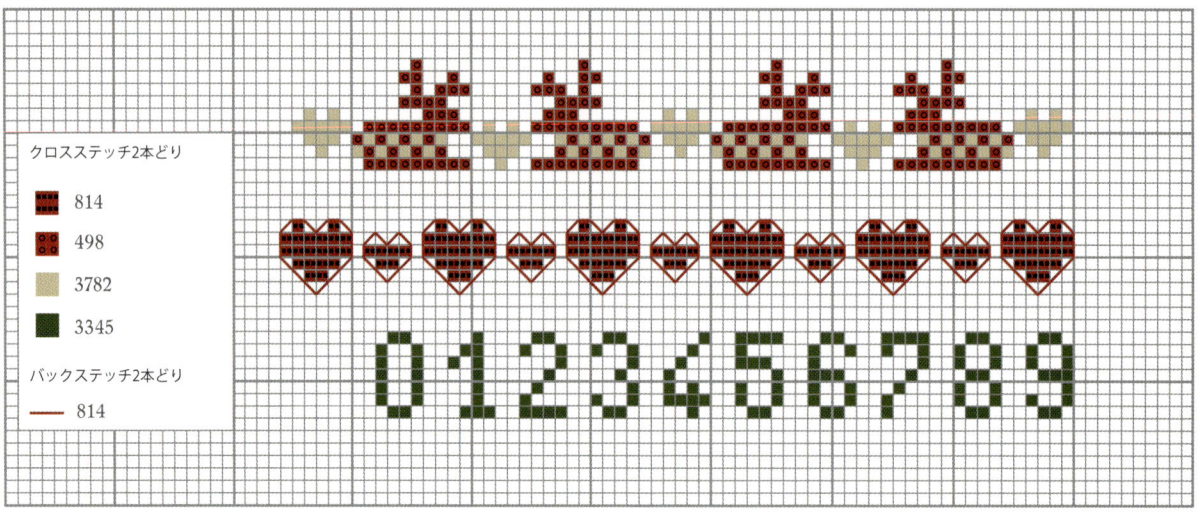

バリエーション

クロスステッチ2本どり
- 814
- 498
- 3782
- 3345

バックステッチ2本どり
— 814

Album-photo

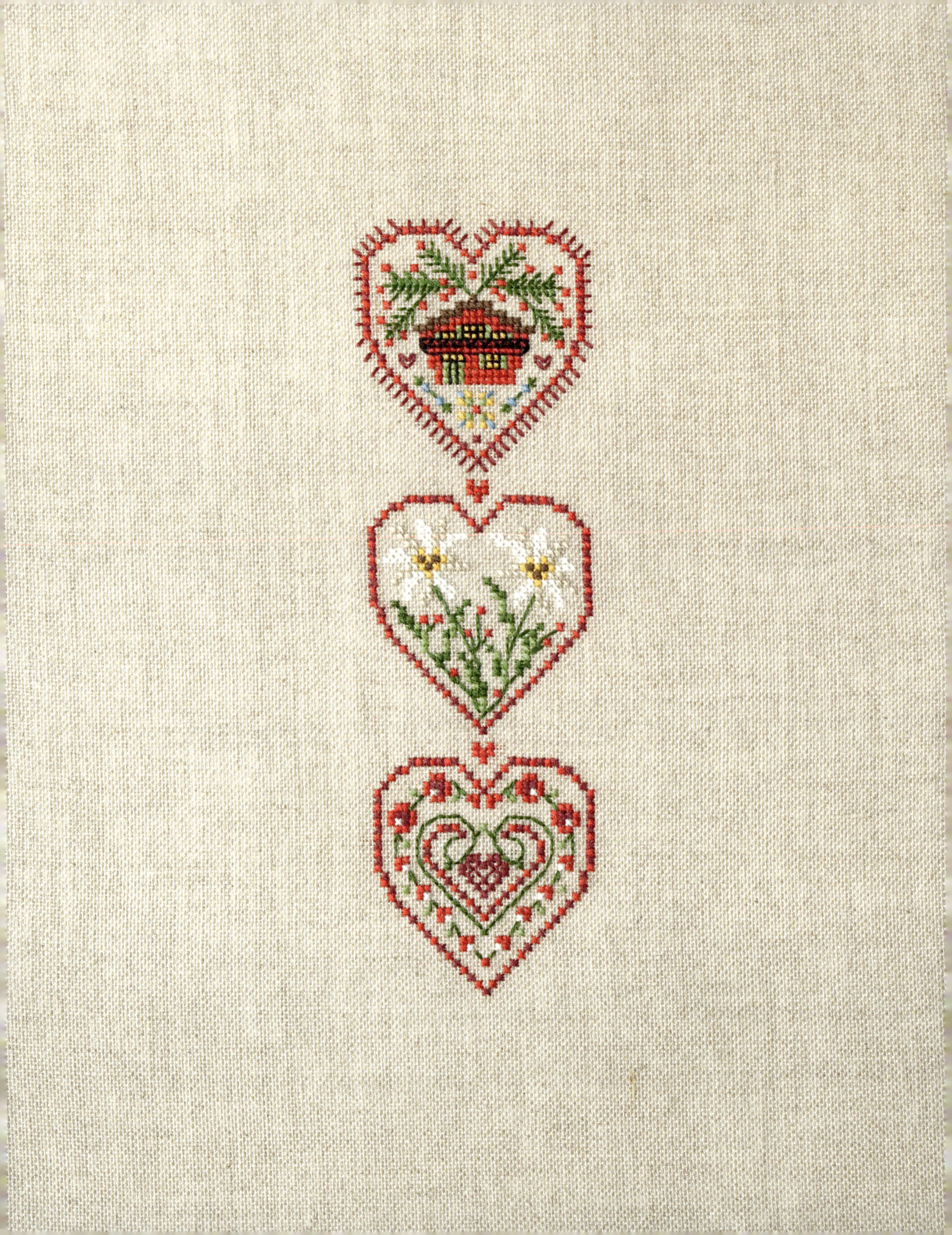

Au pays des edelweiss
エーデルワイスの咲くころに

山々の頂をかざる雪のように
真綿をまとった小さき白い花。
フレンチアルプスのつかの間の夏に、
可憐に咲き誇る少女たち。
彼女たちの名は、エーデルワイス。

クロスステッチ2本どり	
814	3752
304	838
3345	3782
3347	3865
3820	
3760	

バックステッチ2本どり
- 814
- 3345
- 3760
- 310

ハーフステッチ2本どり
- 304

クロスステッチ2本どり	
■ 814	■ 3752
■ 304	■ 838
■ 3345	■ 3782
■ 3347	ΞΞ 3865
■ 3820	

バックステッチ2本どり
— 814
— 3345
— 3760
— 310

ハーフステッチ2本どり
▲▲ 3752

51

Un cœur à suspendre
ハートのミニクッション　作品の作り方　P.123

型紙は120％に拡大してお使いください。

Un cœur à suspendre

クロスステッチ2本どり	
■	814
■	3782
▤	3865

バックステッチ2本どり
— 814
— 3782

クロスステッチ2本どり	
3360	814
3752	498
838	3345
3782	3347
3865	3820

バックステッチ2本どり	
814	310
3345	3360

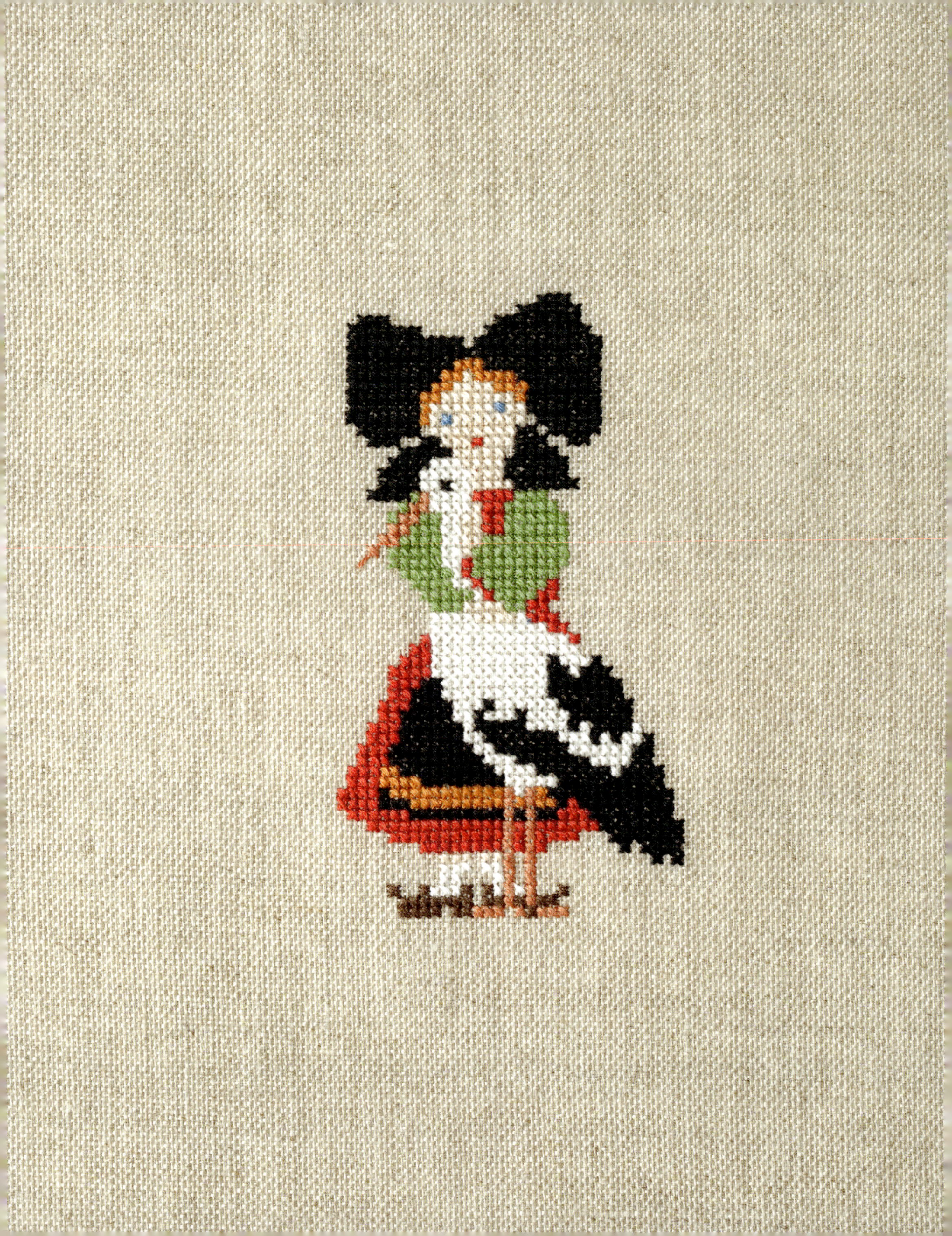

Au pays des cigognes
コウノトリのふるさと

木組みの梁に漆喰の壁——。
絵本の世界そのままの、かわいい家々。
ふと見上げると、煙突の上にコウノトリの巣が。
幸せを招くこの鳥は、アルザス地方のシンボル。

クロスステッチ2本どり	
814	3865
304	3782
3345	739
3347	950
838	310
356	
3820	
3760	
3752	

バックステッチ2本どり
- 814
- 3345
- 356
- 3820

フレンチノットステッチ2本どり
- 3760
- 304

ABCDEF GHIJKL
MNOPQ RSTUV
WX YZ

AU PAYS DES CIGOGNES

0123456789

Une frise
飾りテープ

材料
- 刺しゅう布 麻布（ホワイト）：モチーフの幅＋上下3cmずつの縫い代
- かご：1個
- DMCの刺しゅう糸

出来上がりサイズ
- かごの周囲の長さ×約9cm

刺しゅうのサイズ
- かごの周囲の長さ×約8.4cm

作り方

1. 下のチャートを参照し、刺しゅう布に刺しゅうをする。
   *モチーフを続けてぐるりと一周刺すか、またはスペースを空けて刺すかはお好みで。

2. 刺しゅう布の上下を3cmずつ裏へ折り、アイロンをかける。

3. 刺しゅう布をかごに巻き、かがって留める。

クロスステッチ2本どり	バックステッチ2本どり
■ 814	— 814
■ 304	フレンチノットステッチ2本どり
	ο 814

Une frise

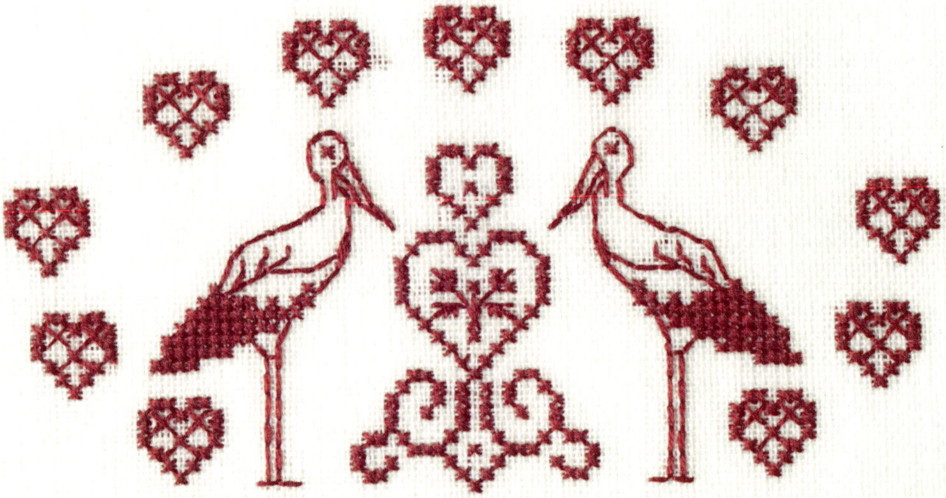

Au fil du rouge
アルザスの赤い糸

赤い控えめなイニシャルのステッチ、
赤い大ぶりなチェック柄の布……。
暮らしの中で生まれ、受け継がれてきた、
素朴なリネンと赤が紡ぐ世界。
刺しゅう糸のDMCを育んだのも、
伝統的に織物が盛んなこの土地の風土。

クロスステッチ2本どり	
■ 814	■ 3752
■ 304	■ 3820
■ 3345	╌ 3865
■ 3347	
■ 3842	

バックステッチ2本どり
— 814
— 3345

クロスステッチ2本どり

■ 814
■ 304

バックステッチ2本どり

― 814

ハーフステッチ2本どり

⧫ 304

フレンチノットステッチ2本どり

° 304

Jolis boutons brodés
刺しゅうのかわいいくるみボタン　　作品の作り方 P.123

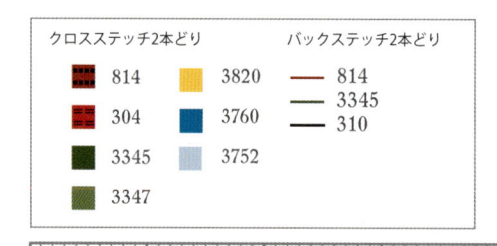

クロスステッチ2本どり
- 814
- 304
- 3345
- 3347
- 3820
- 3760
- 3752

バックステッチ2本どり
- 814
- 3345
- 310

Jolis boutons brodés

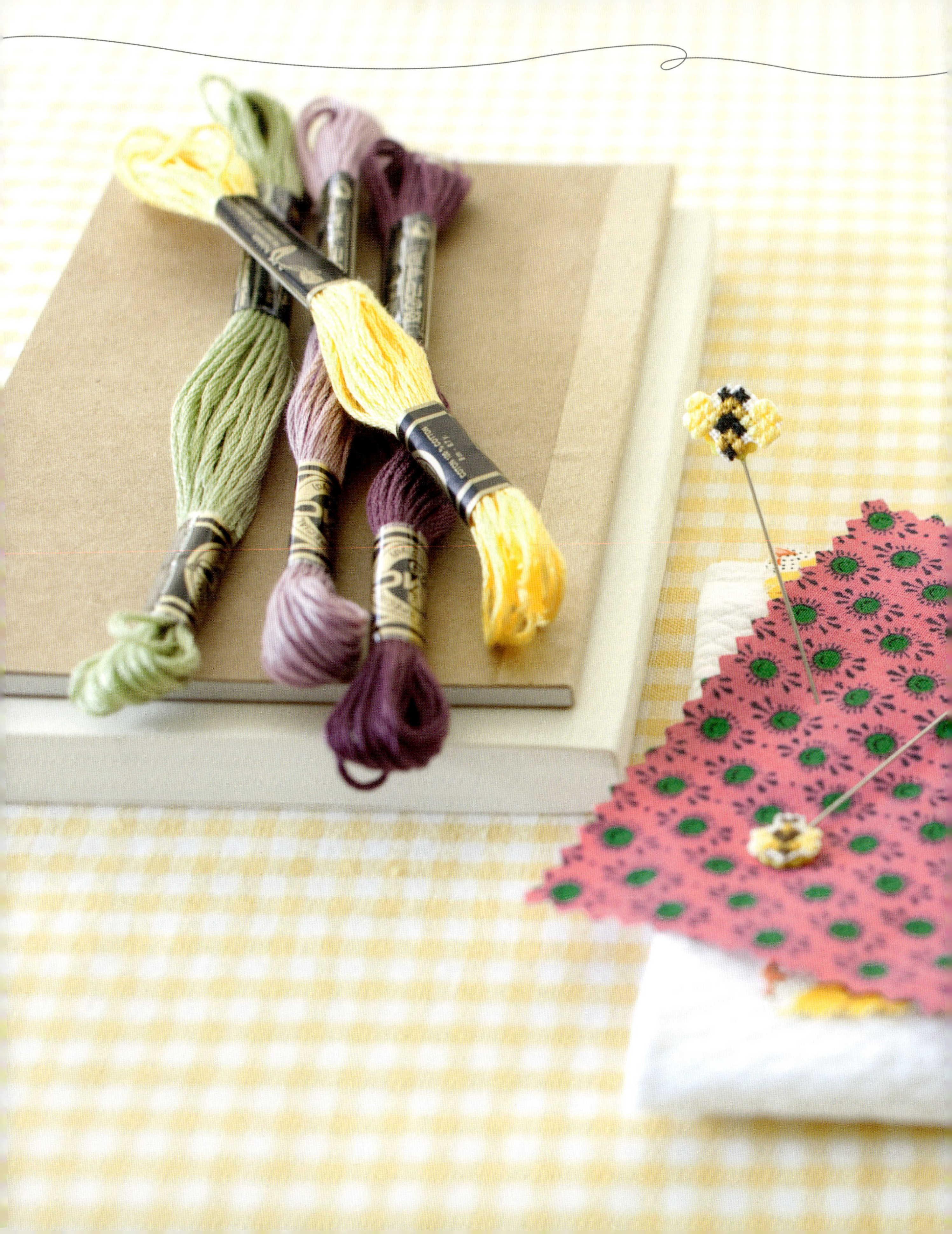

Plaisir du fil

Vent du sud
南仏の風

あまねく空を照らす、太陽のきらめき。
ラベンダーの香りをまとった、
さわやかな風のささやき。
はじける色彩にときめきを憶え……。
南仏はもう、バカンスの季節。

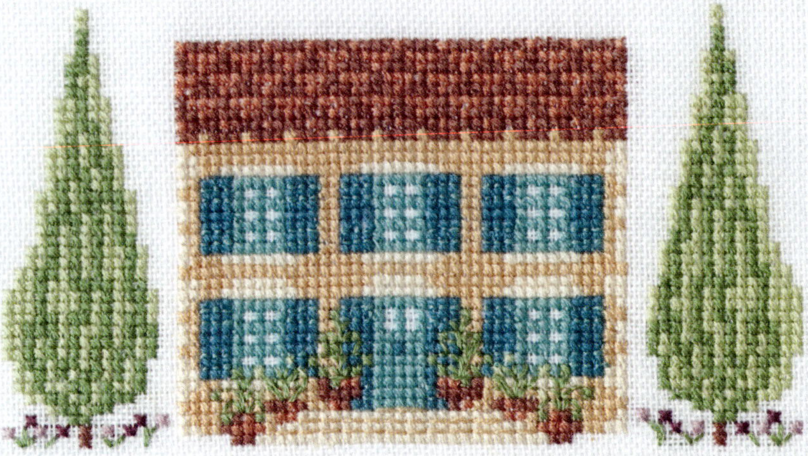

Ma maison
わたしの家

パリの日常を離れて、
プロヴァンスの小さな我が家へ——。
太陽が真上にのぼったら、
糸杉の木陰でセミの声を聞きながら、
まどろみのシエスタタイム。

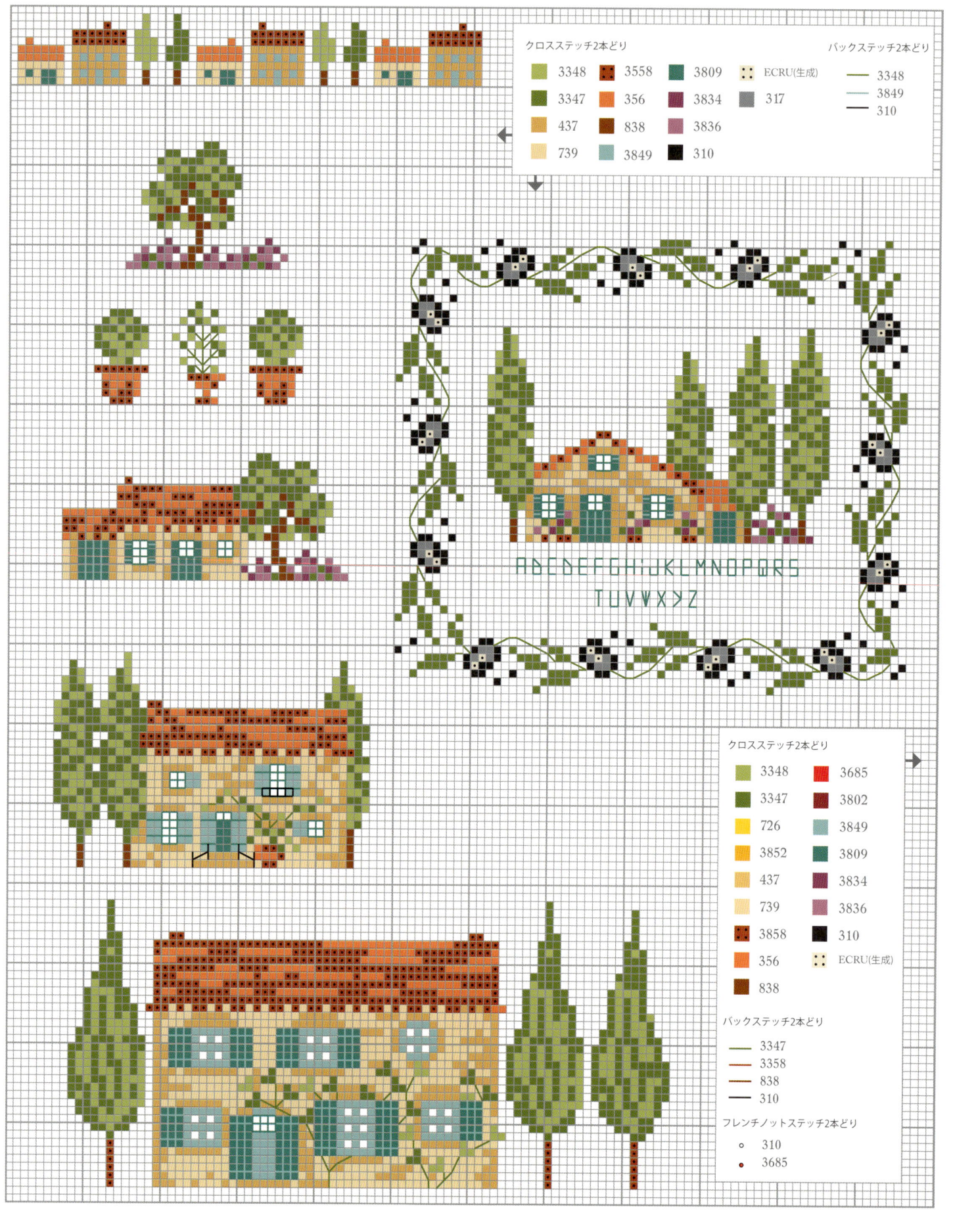

クロスステッチ2本どり				バックステッチ2本どり
3348	3558	3809	ECRU(生成)	3348
3347	356	3834	317	3849
437	838	3836		310
739	3849	310		

クロスステッチ2本どり	
3348	3685
3347	3802
726	3849
3852	3809
437	3834
739	3836
3858	310
356	ECRU(生成)
838	

バックステッチ2本どり
- 3347
- 3358
- 838
- 310

フレンチノットステッチ2本どり
- ○ 310
- ● 3685

ABCDEFGHIJK
LMNOPQRSTU
VWXYZ

LOU PARADOU

0123456789

Le porte-clés
キーホルダー　作品の作り方　P.124

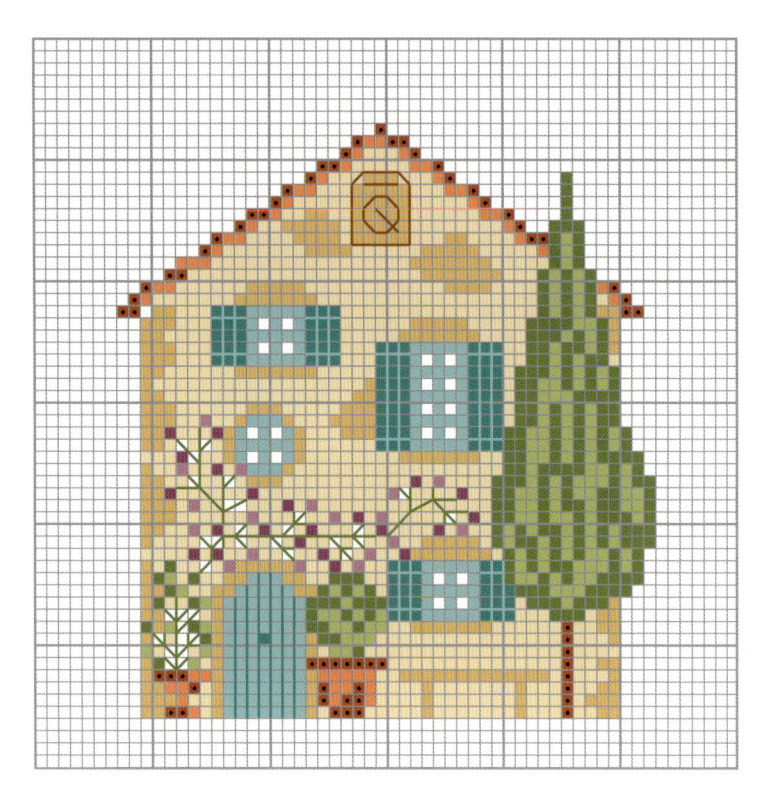

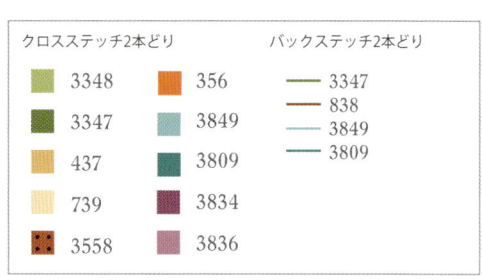

クロスステッチ2本どり		バックステッチ2本どり
3348	356	3347
3347	3849	838
437	3809	3849
739	3834	3809
3558	3836	

Le porte-clés

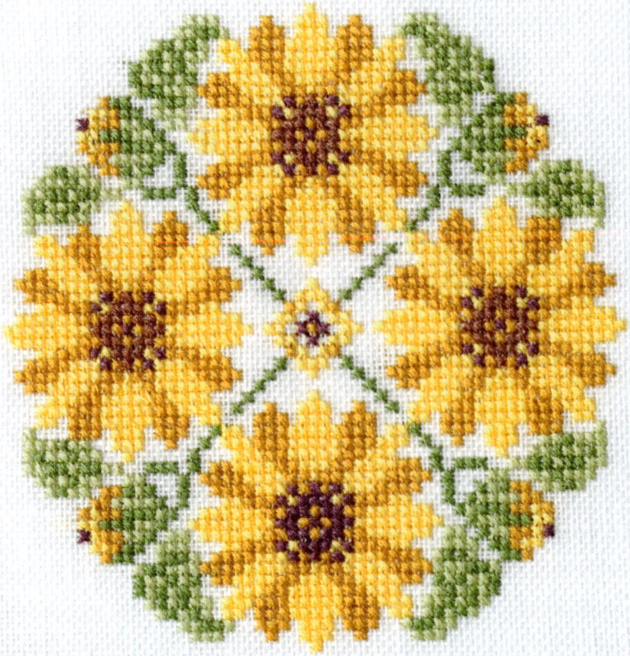

Les fleurs du soleil
太陽の花たち

ラベンダーの薄紫、グラジオラスの赤、
ひまわりの黄色、ジャスミンの白……。
南仏の光をまとった花々。
香水の町グラースで、その香りは永遠に。

クロスステッチ2本どり	
■	3348
■	3347
■	726
■	3852
■	3858
■	3834

バックステッチ2本どり
――― 3347

クロスステッチ2本どり	
🟩	3348
🟩	3347
🟪	3834
🟪	3836
🟧	3858
🟧	356

バックステッチ2本どり	
—	3347
—	3834

ET SI C'ETAIT LE SUD

Les étiquettes du soleil
お日さまのラベル

材料
- 刺しゅう布　麻布（ナチュラル）：20×20cm
- 接着芯：20×20cm
- DMCの刺しゅう糸

出来上がりサイズ
- ハート：約10.6×10.2cm
- 楕円形：約10.6×8.5cm

刺しゅうのサイズ
- ハート：約9.6×9.2cm
- 楕円形：約9.6×7.5cm

作り方
1. P.79か下のチャートからモチーフを1つ選び、刺しゅう布に刺しゅうする。
2. 刺しゅう布の裏側に接着芯を貼り、モチーフの周り1cmのところをピンキングバサミで切る。

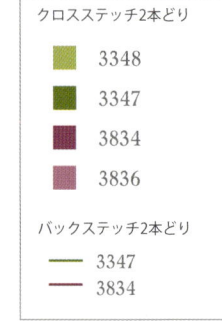

クロスステッチ2本どり
- 3348
- 3347
- 3834
- 3836

バックステッチ2本どり
- 3347
- 3834

バリエーション

Les étiquettes du soleil

PARFUMS DU SOLEIL

Messages d'amour
優しいつながり

アルルから地中海を目指し、カマルグへ。
この広大な湿原地帯は、自然の聖域。
駆け巡る白馬や、黒い牛の群れ。
遠くアフリカからわたってくる、フラミンゴたち。
大切なことはすべて、自然が教えてくれる。

クロスステッチ2本どり

■ 3348	■ 3858
■ 3347	■ 3834
■ 726	■ 3836
■ 3852	■ 310
■ 437	■ 317
■ 739	⁝ ECRU(生成)

バックステッチ2本どり

— 3347
— 3852
— 437
— 3834

ハーフステッチ1本どり

▲ 3858

PARFUMS DU SOLEIL

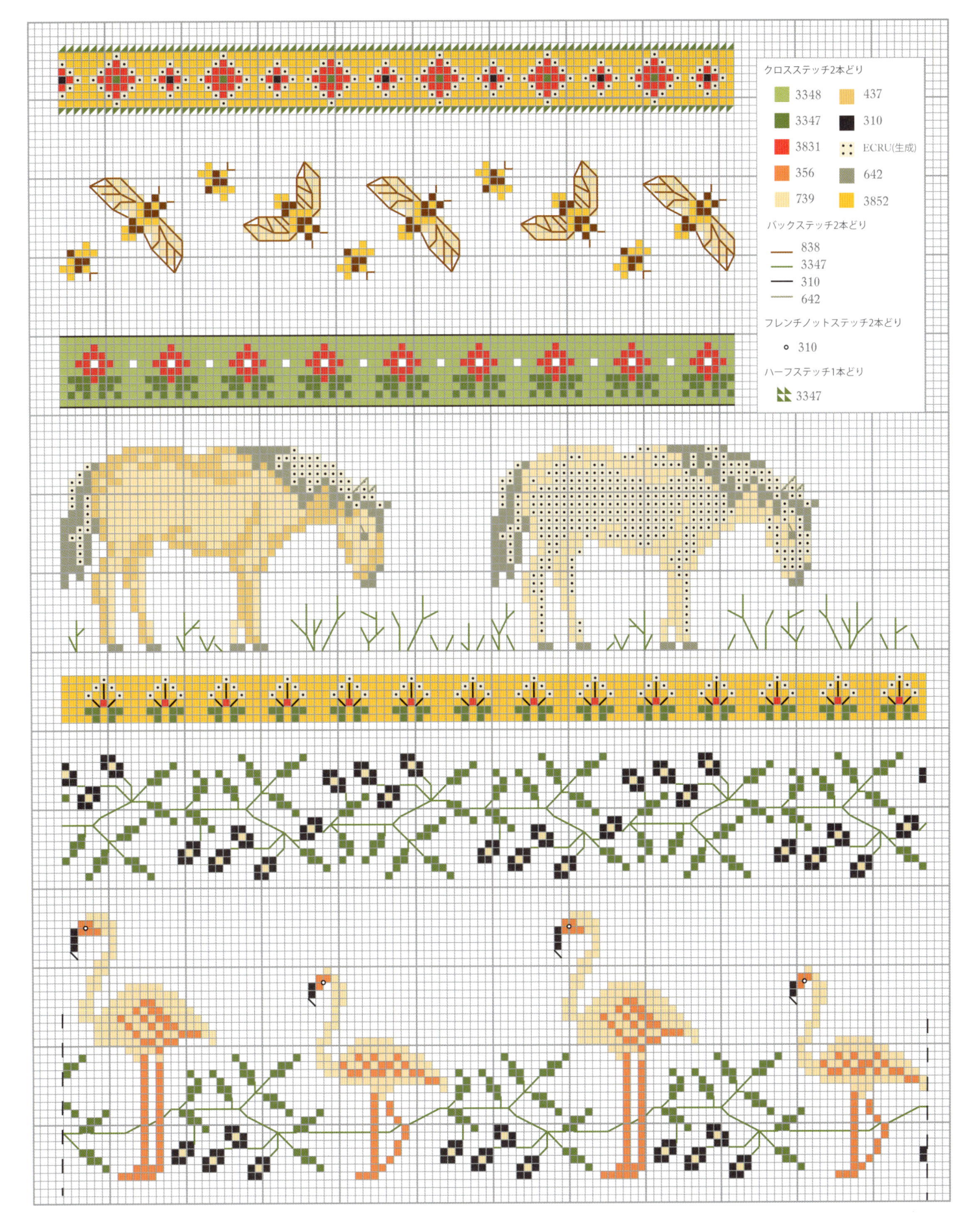

クロスステッチ2本どり	
3348	437
3347	310
3831	ECRU(生成)
356	642
739	3852

バックステッチ2本どり
— 838
— 3347
— 310
— 642

フレンチノットステッチ2本どり
○ 310

ハーフステッチ1本どり
3347

85

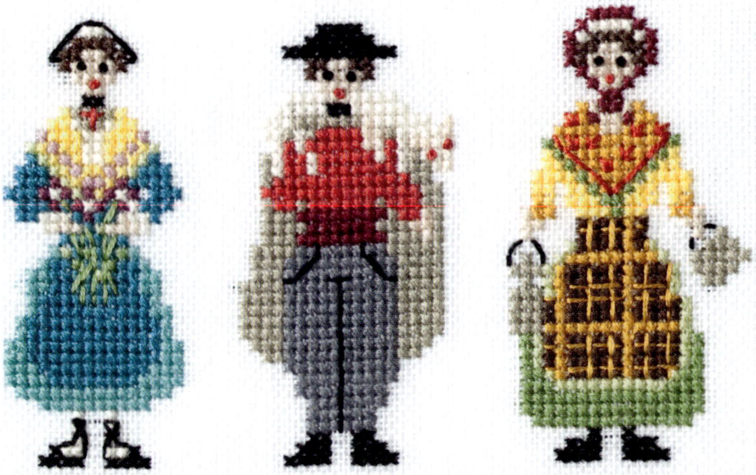

Dans la garrigue
荒涼とした風景の中

岩肌むき出しのゴツゴツした大地に、
照りつける太陽——。
南仏の"ガリッグ"と呼ばれる
石灰質の乾燥地帯。
この荒々しい不毛の土地でも、
たくましく自生するハーブたち。
それを食べて育つ山羊のチーズは、
何よりのごちそう。

クロスステッチ2本どり		バックステッチ2本どり
3348	950	3347
3347	3831	3852
726	3685	3858
3852	3849	838
437	3809	3831
739	3834	3834
3858	3836	310
356	310	
838	317	フレンチノットステッチ2本どり
ECRU(生成)	642	○ 310
		• 3831

LOU COR COUNTÈNT FAi
LA FÀCi bELLO

CŒUR JOYEUX FAiT
bEAU ViSAGE

クロスステッチ2本どり		ハーフステッチ2本どり
3348	ECRU(生成)	3831
3347	3831	3809
726	3685	
3852	3809	バックステッチ2本どり
437	310	3347
838		310

89

Le biscornu
ビスコーニュ 作品の作り方 P.125

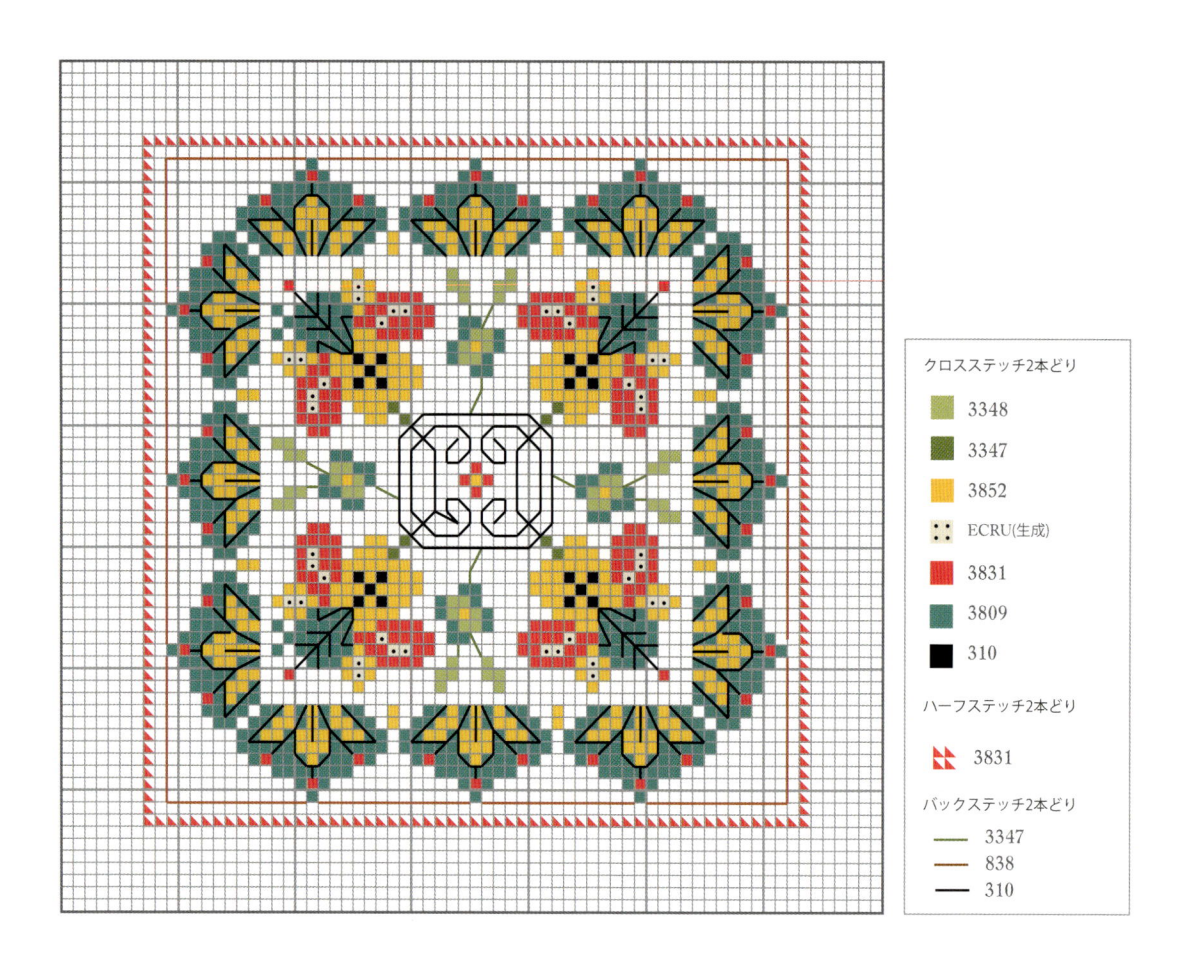

クロスステッチ2本どり
- 3348
- 3347
- 3852
- ECRU(生成)
- 3831
- 3809
- 310

ハーフステッチ2本どり
- 3831

バックステッチ2本どり
- 3347
- 838
- 310

Le biscornu

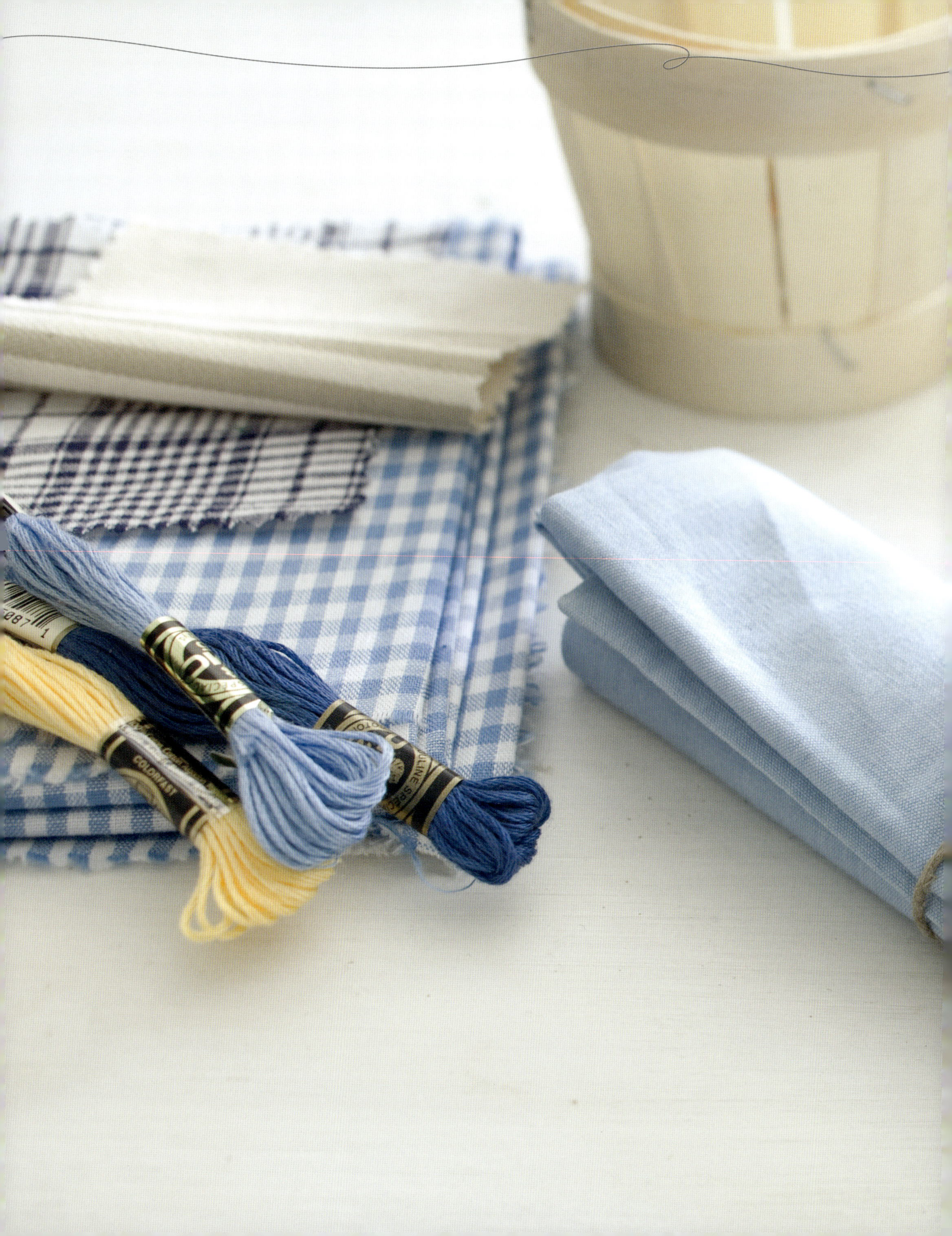

Plaisir du fil

Bord de mer
海辺にて

あらゆるニュアンスの青を帯び、
冒険のロマンを秘めた大海原。
波のまにまに
カモメたちの鳴く声、
港に帰る船の汽笛。
そして南へ──。
風にふかれて漕ぎ出せば、
そこは、極彩色の神々の島。

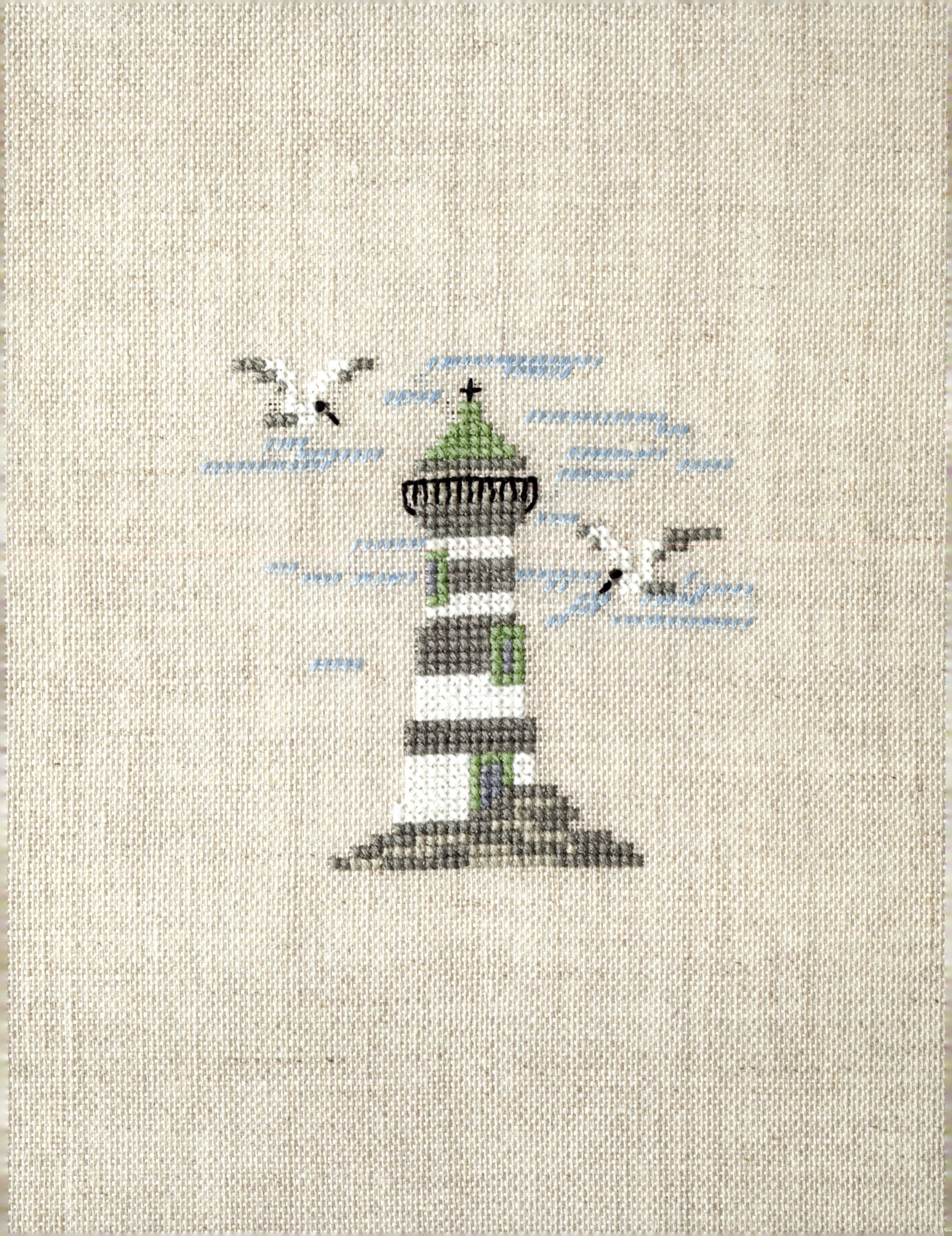

Grand large
大いなる海

ケルトの文化が色濃く残る、ブルターニュ地方。
キブロン半島に足をのばせば、
断崖のはるか下に青い海、
打ち寄せる波の力強い音。
カモメの鳴き声は大空に吸い込まれ……。
原始の鼓動が息づく場所で、深く呼吸して。

クロスステッチ2本どり

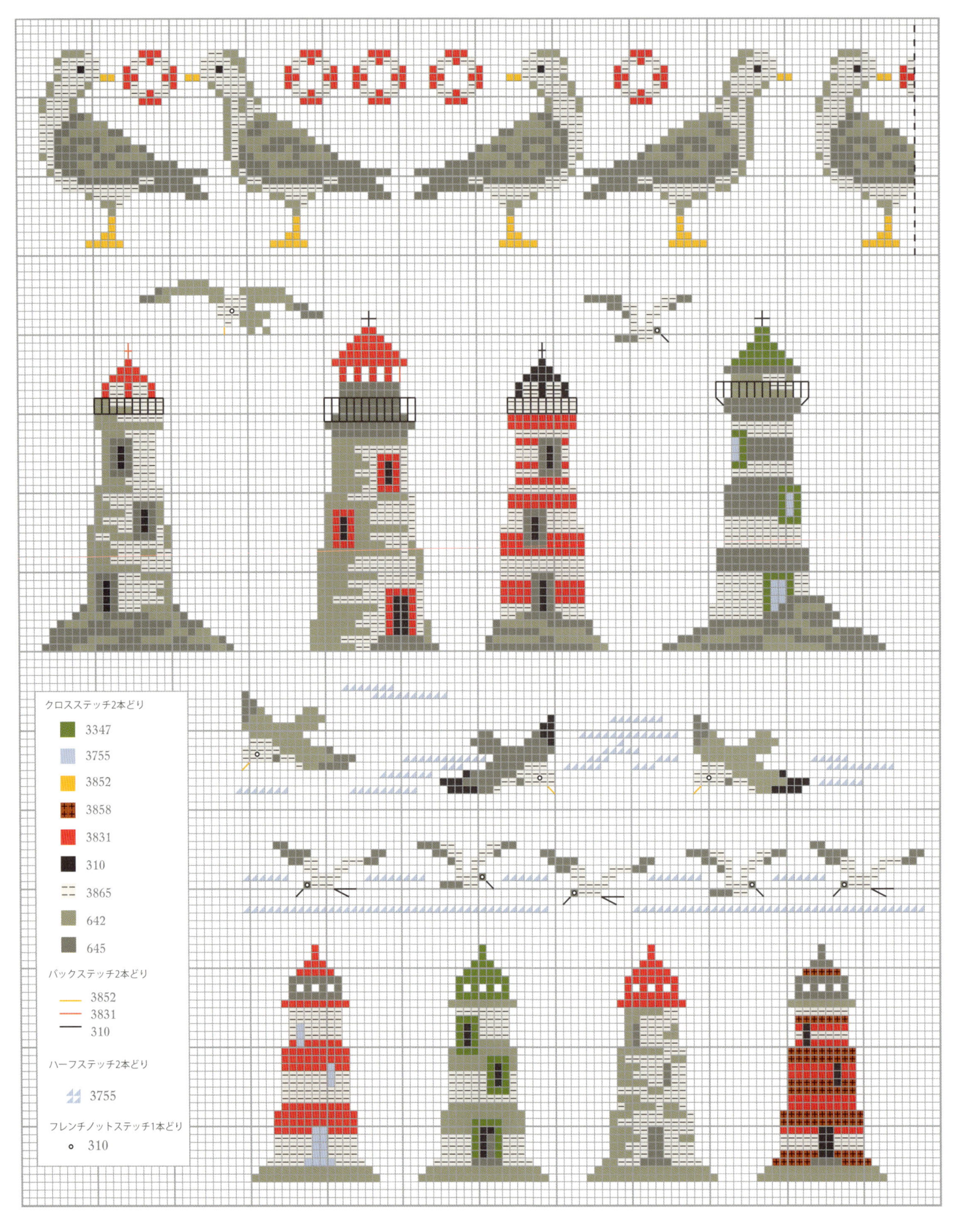

- 3347
- 3755
- 3852
- 3858
- 3831
- 310
- 3865
- 642
- 645

バックステッチ2本どり
- 3852
- 3831
- 310

ハーフステッチ2本どり
- 3755

フレンチノットステッチ1本どり
- ○ 310

LES CREPES

9 — FARINE
6 — SUCRE
3 ŒUFS
1/2 LT LAIT

LE FAR

9 — FARINE
6 — SUCRE
3 ŒUFS
1 LT DE LAIT
250 G PRUNEAUX
1H A FOUR MOYEN

DEGEMER MAT

ABCDEFGHIJK LMNOPQRSTU VWXYZ

0123456789

クロスステッチ2本どり			バックステッチ2本どり	ハーフステッチ1本
3347	310	744	3852	3345
3345	317	3836 + 3755 （各1本ずつ）	312	3858
312	3865	3755 + 312 （各1本ずつ）	310	3347
3755	642		3345	3755
3852	645			

Un sac de plage
ビーチバッグ　作品の作り方　P.126

クロスステッチ2本どり
- 312
- 3755
- 3852
- 3858
- 3831
- 950
- 310
- 317
- 3865

バックステッチ2本どり
- 3852
- 312
- 310

フレンチノットステッチ2本どり
- ○ 310
- ● 3831

Un sac de plage

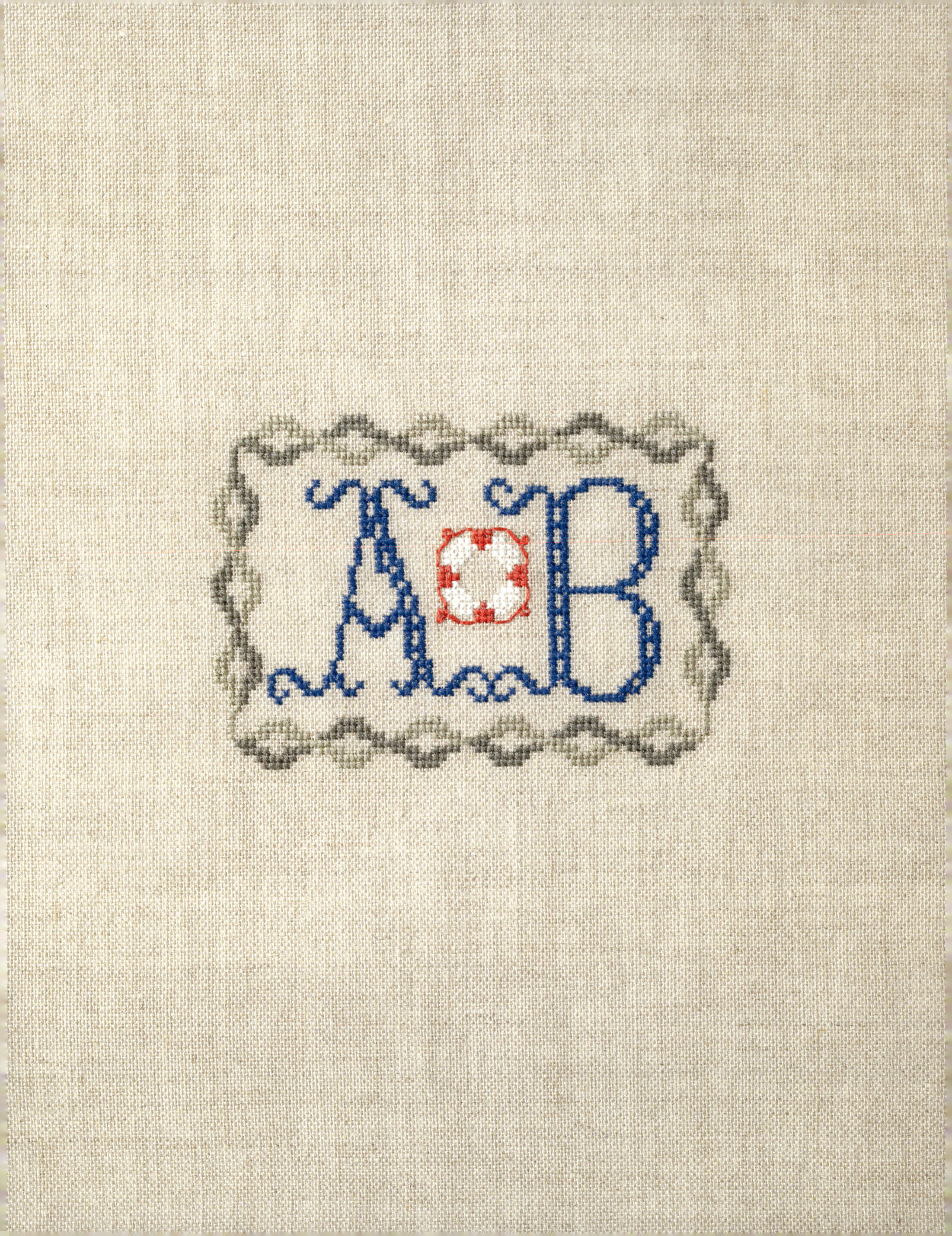
AB

L'air de la mer
海からの風

アーティストたちに愛された、
南仏の海辺のシックなリゾート地、
サン＝トロペ。
イニシャルを施したボーダーTシャツと、
素足にバレエシューズ。
やさしい潮風を感じながら、
昔のフランス映画の女優を気取って。

クロスステッチ2本どり	
■	312
■	642
■	645
−	3865
■	3831

バックステッチ2本どり
― 3831

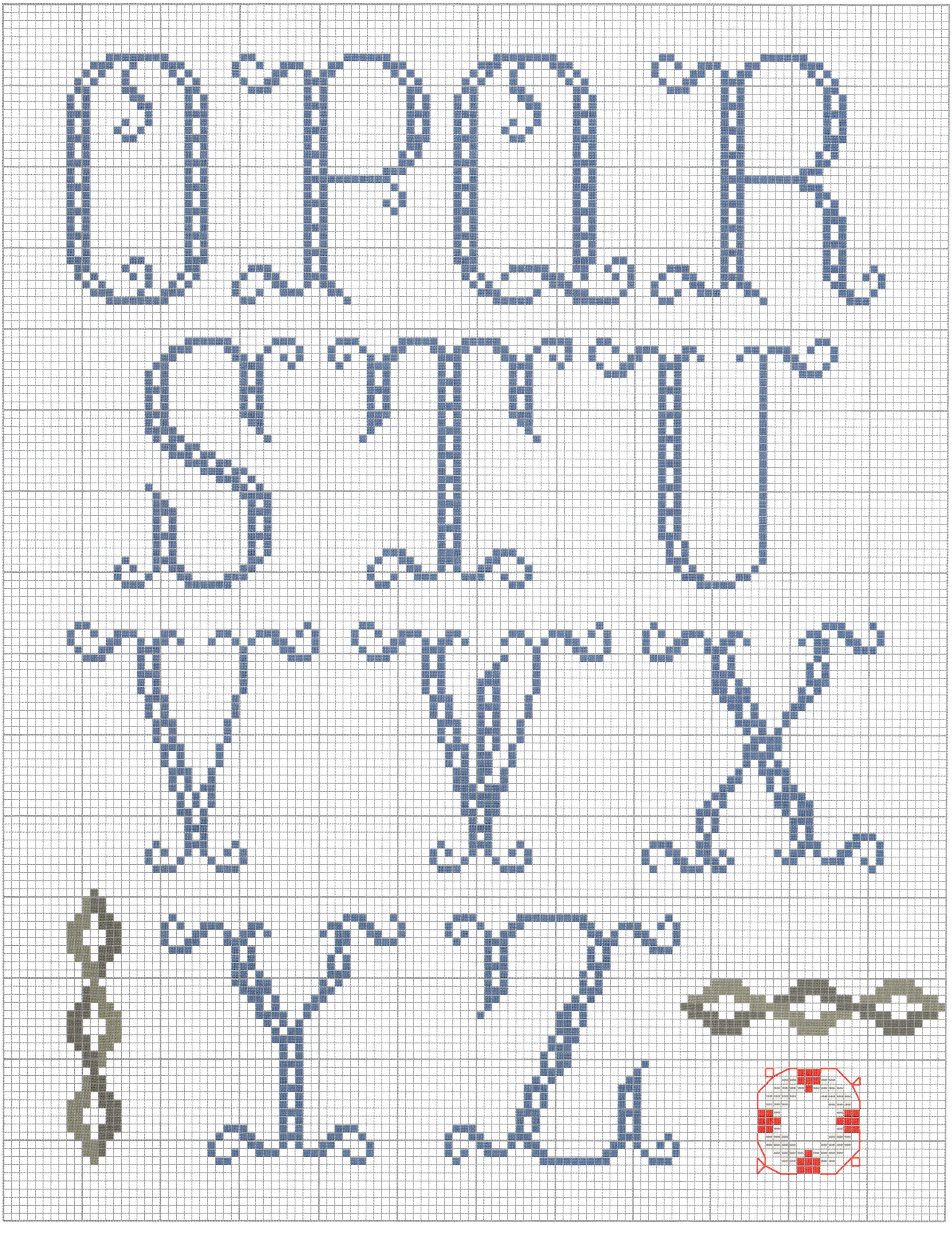

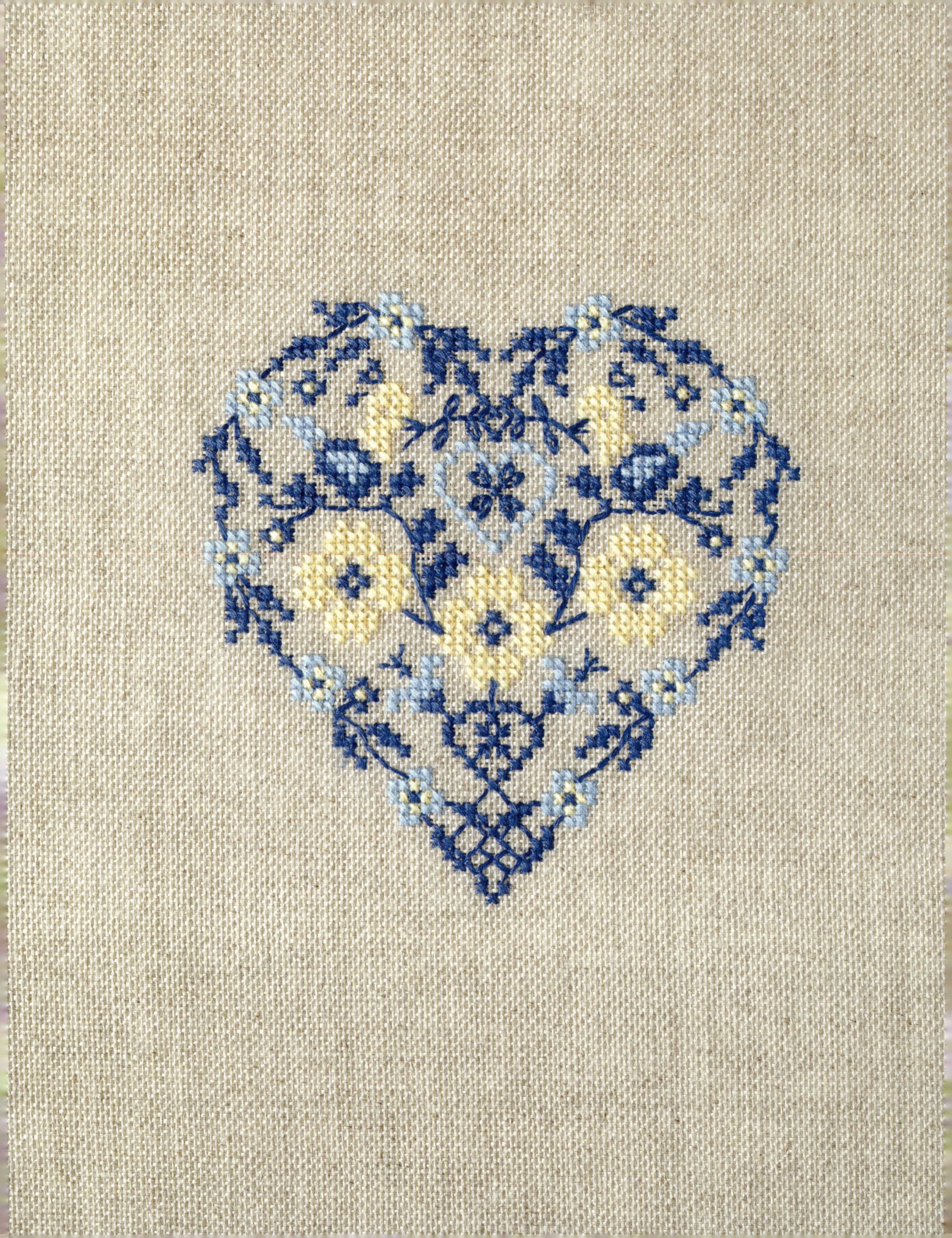

Bleu de mer
海の青さ

ピカソ美術館から望む、アンティーブの紺碧。
モネが描いたエトルタの蒼。
ゴーギャンが暮らしたタヒチの濃紺。
海は表情を変えながら、画家たちを魅了する。

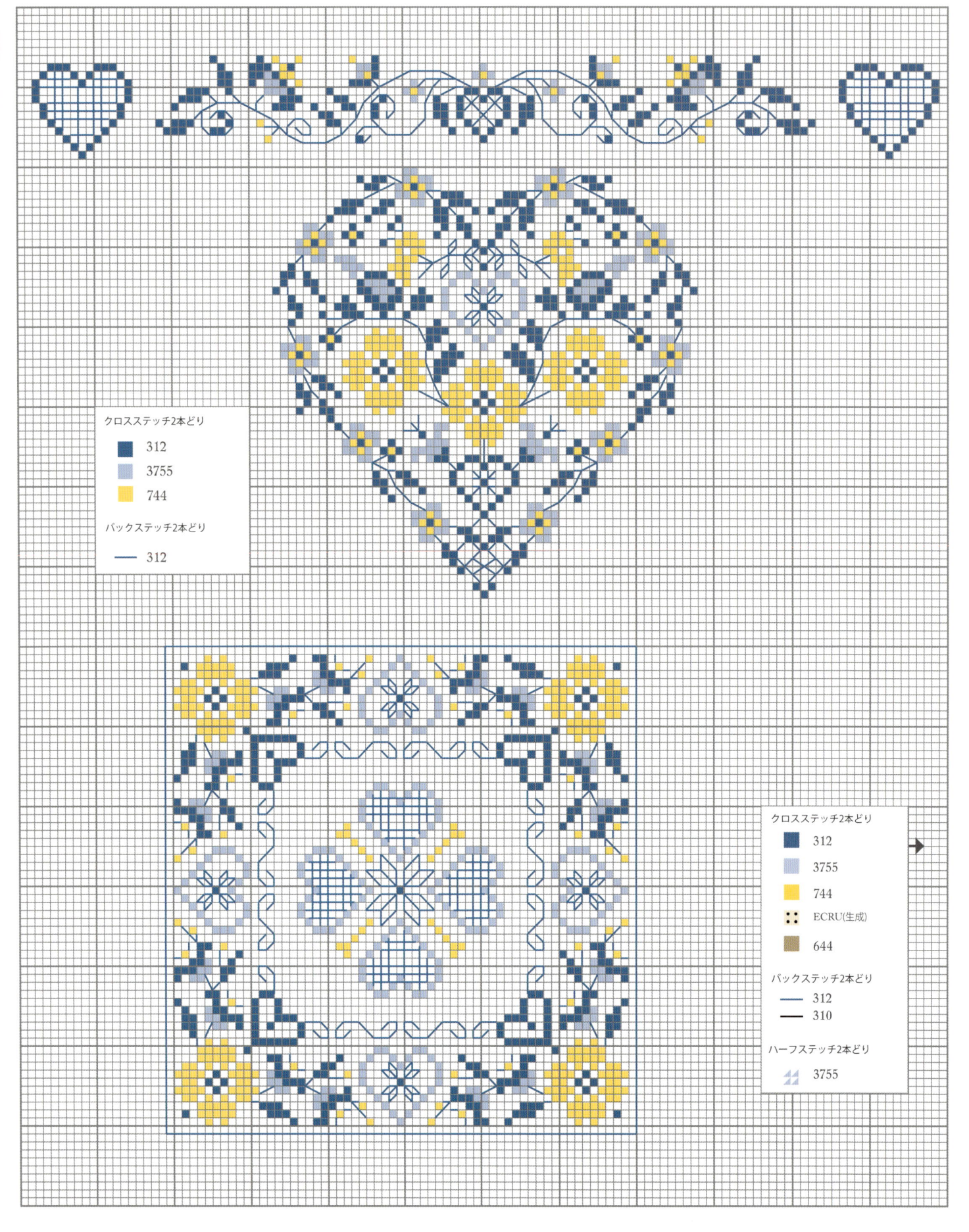

クロスステッチ2本どり

■ 312
■ 3755
■ 744

バックステッチ2本どり
— 312

クロスステッチ2本どり

■ 312
■ 3755
■ 744
⣿ ECRU(生成)
■ 644

バックステッチ2本どり
— 312
— 310

ハーフステッチ2本どり
▲ 3755

CONFITURE DE LAIT   CONFITURES

FRAISE_GROSEILLE_MÛRE

LAIT   FRAISE

Le set de table
テーブルセンター

材料
- 刺しゅう布　麻布（ホワイト）：54×44cm
- DMCの刺しゅう糸

出来上がりサイズ
- 50×40cm

刺しゅうのサイズ
- 約4.2×31.3cm

＊完成写真のように、ハートを6つつなげた場合の長さになっています。

作り方

1. 右のチャートを参照し、刺しゅう布の左端から4cmのところに刺しゅうする。
2. 刺しゅう布の周囲を1cmの三つ折りにして縫う。

クロスステッチ2本どり
- 312
- 3755
- 744

バックステッチ2本どり
— 312

Le set de table

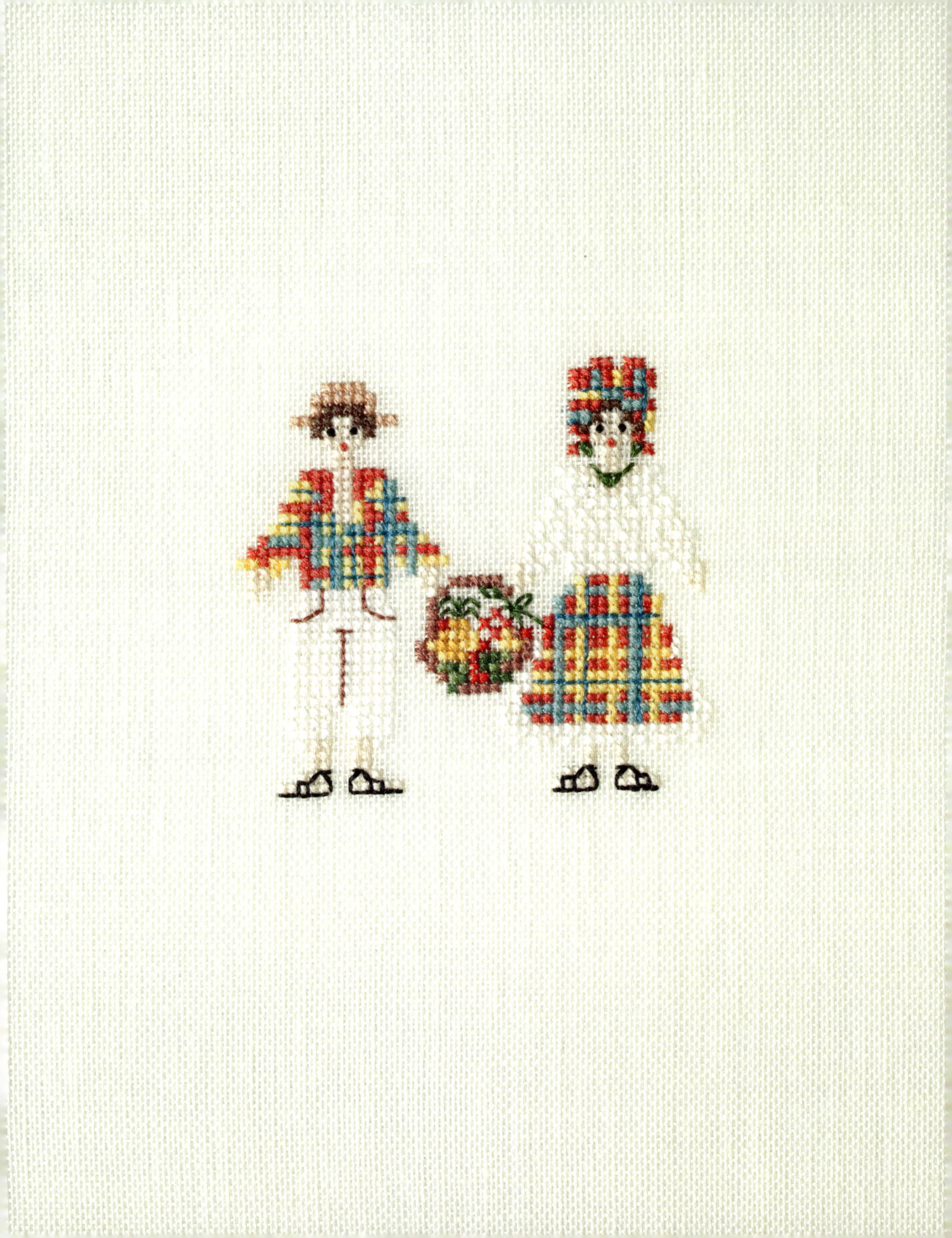

Au-delà des mers
海をわたって

インド洋に浮かぶレユニオン島。
この小さな火山島は、フランスの海外領。
透明な海にサンゴ礁、バオバブの木、
エキゾチックなフルーツ……。
トロピカルムードで陽気な人々。
もうひとつのフランスは、
生きるものすべてのパラダイス！

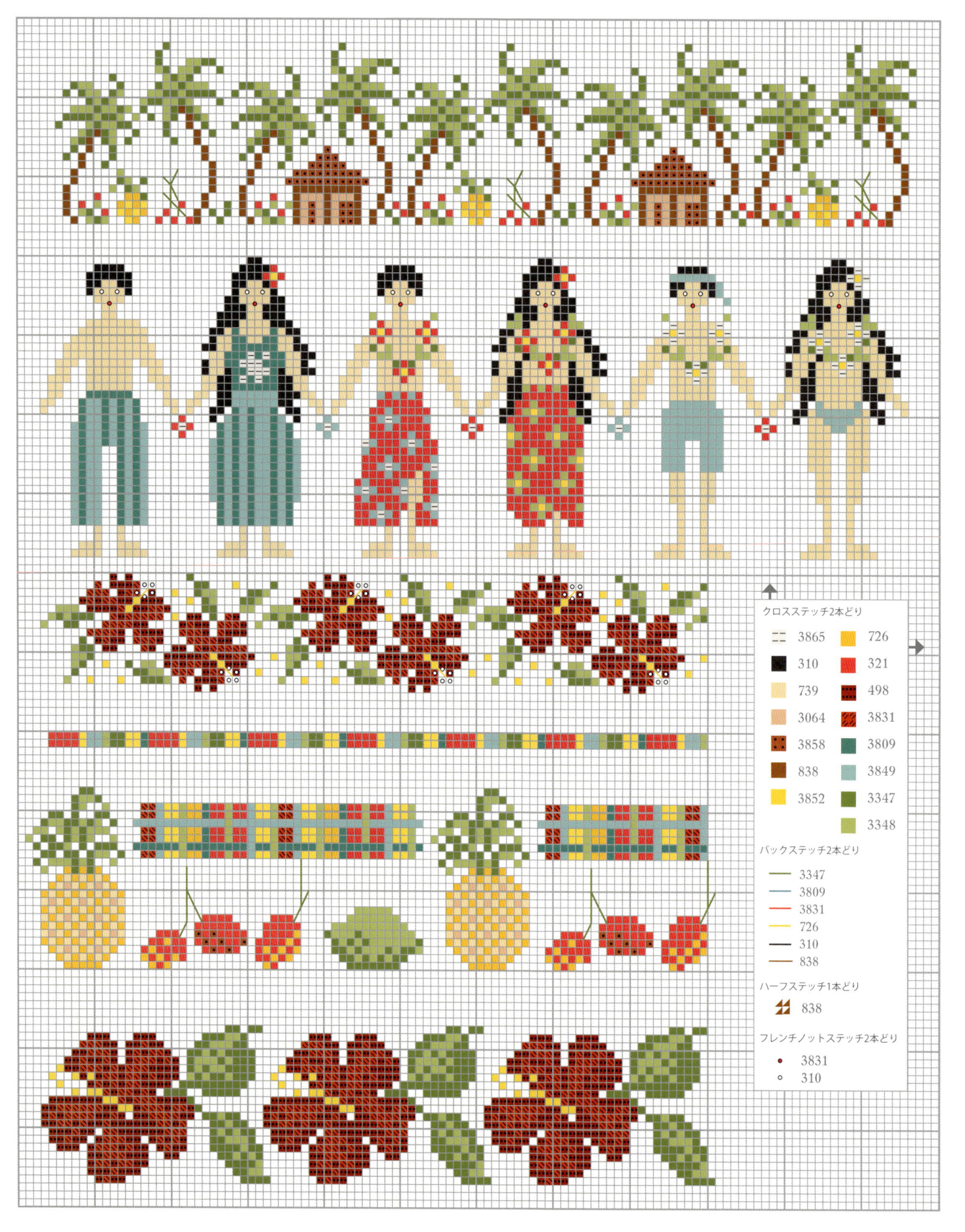

クロスステッチ2本どり

==	3865		726
■	310		321
	739		498
	3064		3831
	3858		3809
	838		3849
	3852		3347
			3348

バックステッチ2本どり
- 3347
- 3809
- 3831
- 726
- 310
- 838

ハーフステッチ1本どり
- 838

フレンチノットステッチ2本どり
- 3831
- 310

112

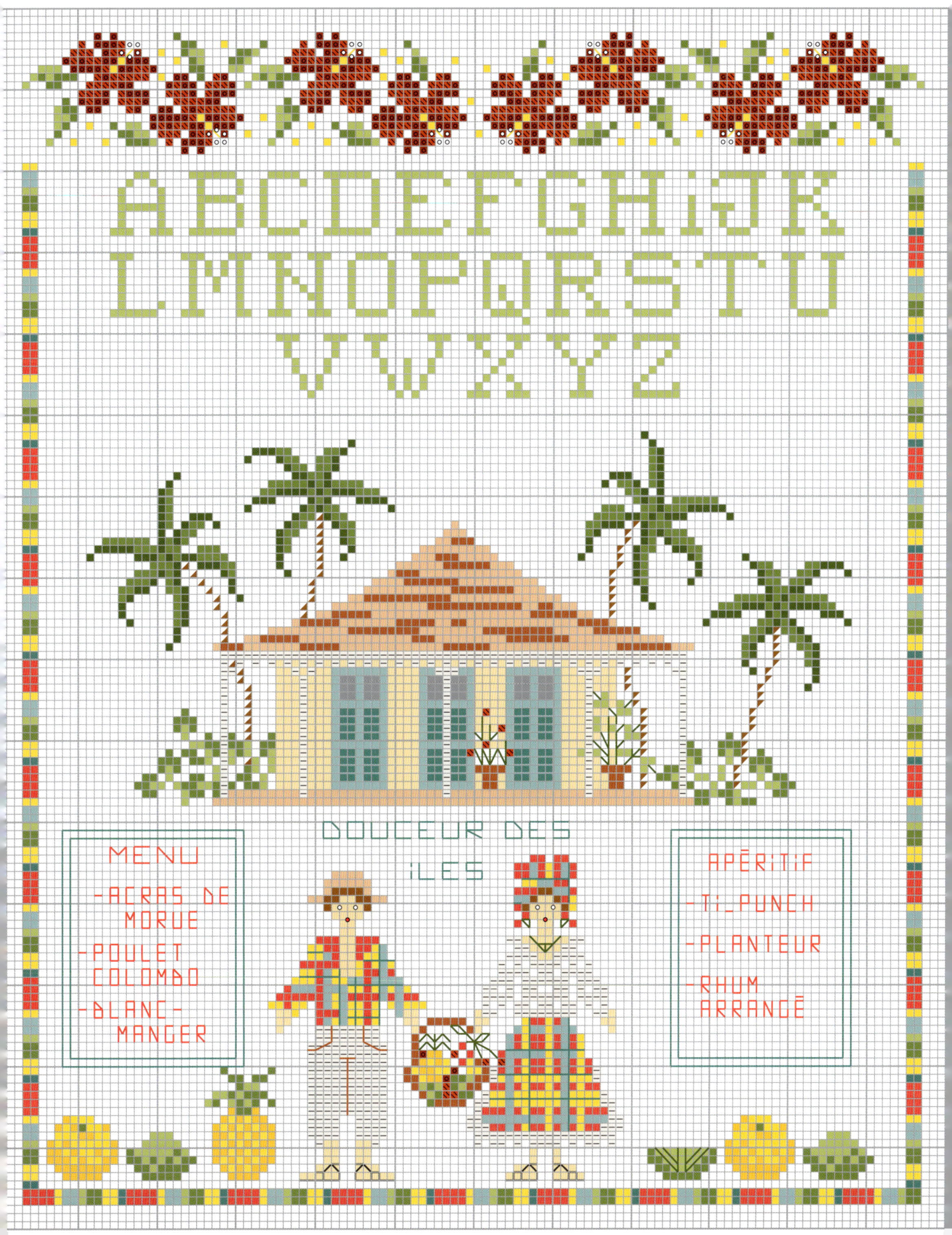

ABCDEFGHIJK
LMNOPQRSTU
VWXYZ

DOUCEUR DES ILES

MENU
- ACRAS DE MORUE
- POULET COLOMBO
- BLANC-MANGER

APÉRITIF
- TI-PUNCH
- PLANTEUR
- RHUM ARRANGÉ

Animaux des îles
島の生きものたち

透明な海に戯れる、
トロピカルフィッシュ。
たくましく大胆に咲き誇る、
ハイビスカス。
鬱蒼としたジャングルでは、
極彩色の鳥たちが飛び交い、
バニラの芳(かぐわ)しい香りが。

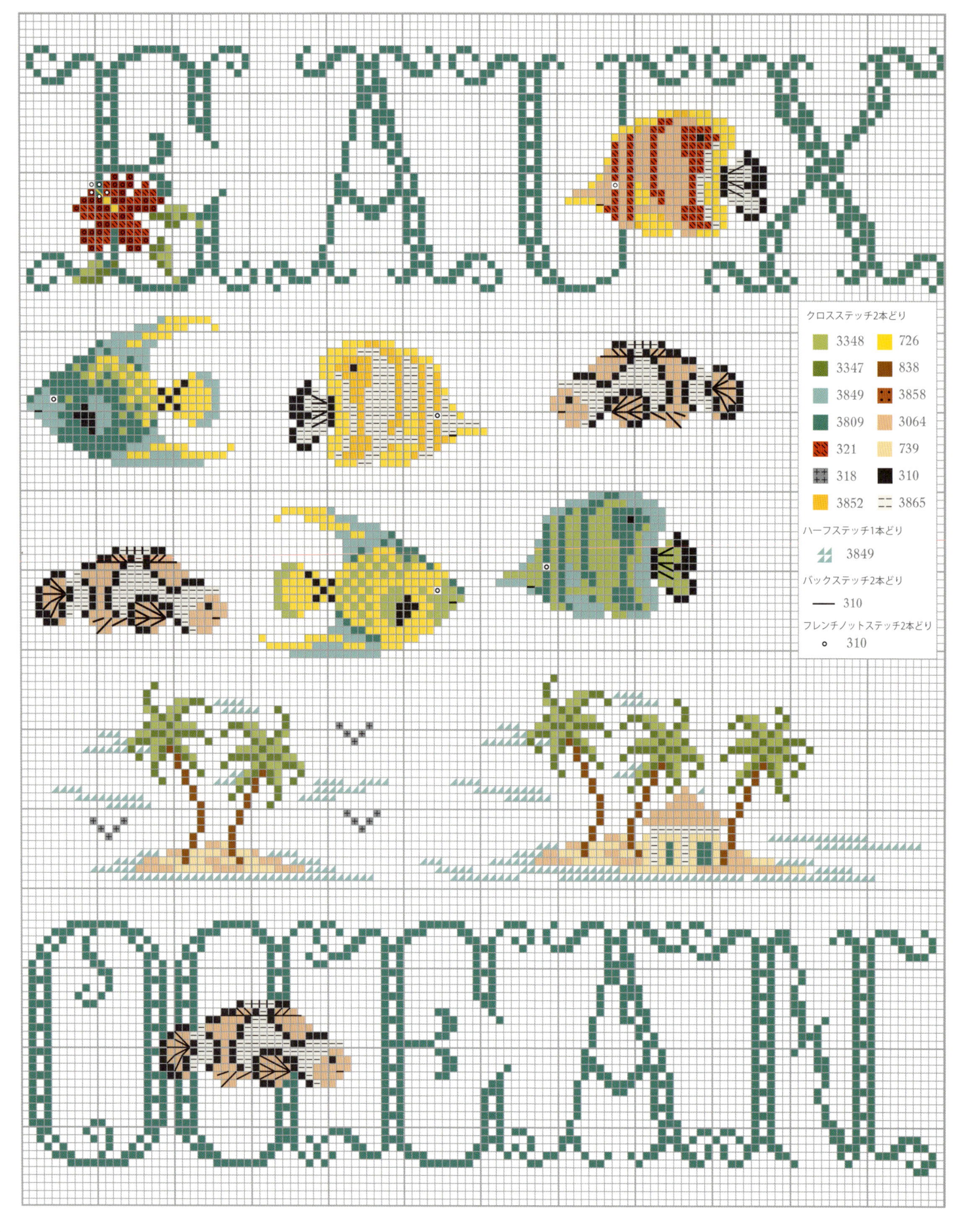

クロスステッチ2本どり	
3348	726
3347	838
3849	3858
3809	3064
321	739
318	310
3852	3865

ハーフステッチ1本どり
3849

バックステッチ2本どり
— 310

フレンチノットステッチ2本どり
○ 310

クロスステッチ2本どり		ハーフステッチ2本どり	
3348	726	3064	
3347	3858	838	
3345	3064	バックステッチ2本どり	
3849	310	— 3347	
3809		— 310	
321		フレンチノットステッチ2本どり	
498		○ 310	

Serviettes de toilette
タオル＆ハンドタオル

材料
- クロスステッチ用タオル（オフホワイト）：50×100cm
- クロスステッチ用ハンドタオル（オフホワイト）：30×50cm
- DMCの刺しゅう糸

刺しゅうのサイズ
- クロスステッチ用タオルの幅にあわせて、P.116〜118のモチーフを組み合わせてください。

作り方
1. P.116〜118のチャートを参照し、タオルの刺しゅう部分に刺しゅうをする。

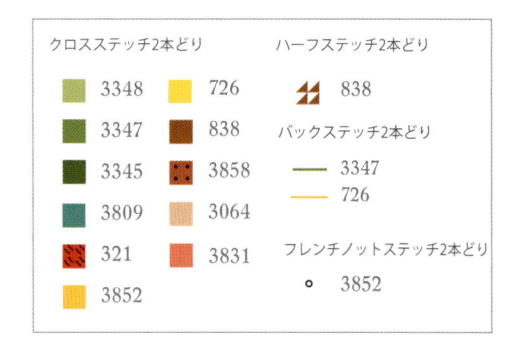

クロスステッチ2本どり		ハーフステッチ2本どり
3348	726	838
3347	838	バックステッチ2本どり
3345	3858	3347
3809	3064	726
321	3831	フレンチノットステッチ2本どり
3852		3852

Serviettes de toilette

Réalisations et conseils
作品の作り方とコツ

ステッチを始める前に

・布を選んだら、後に述べる方法で図案の出来上がりサイズを割り出し、布をカットします。図案のモチーフをステッチしやすいように、余裕を持たせましょう。また、額に入れる場合や、縫い合わせて作品に仕上げる場合は、モチーフの周りに余白を持たせることも忘れずに。

・布をカットしたら、ほつれ防止のために縁をかがる。

・布を4つ折りにして中心を見つける。大きなタペストリーなど複雑な図案をステッチする場合は、縦と横の中心線をしつけ糸で縫っておけば目印となり、ステッチが刺しやすくなります（ステッチが仕上がったらしつけ糸は取り除くので、きつく刺しすぎないこと）。

チャート

チャートは小さな方眼状になっていて、それぞれのマス目の色は、ステッチに使う糸の色と対応しています。各色の番号は、DMCの刺しゅう糸に対応しています。

チャートをカラーコピーで拡大すれば、見やすくなって、作業がはかどるでしょう。

カウントについて

「Counted」の略で、「ct」と表記し、1インチ（2.54cm）の中に布目が何目あるのかをいいます。例えば、11ctは、1インチに11目あるという意味で、カウント数が増えるにしたがって目は細くなっていきます。

出来上がりサイズ

出来上がりサイズは、使う布の目数によって変わってきます。1cmあたりの目数が多ければ多いほど、ステッチの数は多くなり、モチーフは小さくなります。出来上がりが何cmになるかを割り出すには、次の方法にしたがって計算してください。

1. 布1cmあたりの目数を、何目ごとにステッチするかで割り、1cmあたりのステッチの数を割り出します。

例）1cm＝11目の布に2目刺しする場合、ステッチは1cmあたり5.5目（11目÷2目ごと）。

2. チャートのステッチ数（幅＆高さのマス目の数）を数え、その数を5.5で割れば、出来上がりサイズが割り出せます。

例）：250目（幅）×250目（高さ）の場合

幅：250÷5.5＝約45cm

高さ：250÷5.5＝約45cm

以下は、布の目数とステッチの目数の換算表です。図案の出来上がりサイズを割り出すのに参考にしてください。

布の目数	1cmあたりのクロスステッチの数（2目刺しの場合）	カウント
エタミン		
1cm＝5目	2.5目	13ct
1cm＝10目	5目	25ct
1cm＝11目	5.5目	28ct
リネン		
1cm＝5目	2.5目	13ct
1cm＝10目	5目	25ct
1cm＝11目	5.5目	28ct
1cm＝12目	6目	32ct

この本で紹介している作品は、1cmあたり11目のリネンに刺しゅうしています。

Le tablier
エプロン… Photo P.33 Chart P.31

材料
- 刺しゅう布　麻布（ベージュ）：90×90cm
- 綿平織りテープ（2cm幅）：2.5m
- DMCの刺しゅう糸

刺しゅうのサイズ
- 20.18×18.18cm
- 単位はcm

寸法図

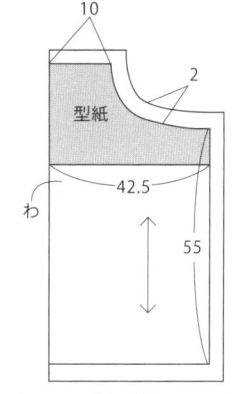

※拡大コピーをしたP.32の型紙の脇線を55cmになるまで垂直に下ろし、周りに2cmの縫い代をつける。

作り方

1. エプロンの上部から10cmのところにモチーフがくるように、P.31を参照して刺しゅうをする。
2. エプロン上部の脇カーブの縫い代を、左右裏側へ1cmの三つ折りにして縫う。
3. 胸あて上部とエプロン下部の両脇を裏側へ1cmの三つ折りにし、三等分に切った平織テープ（首ひも1本、腰ひも2本）を、縫い代にはさんでつける。
4. 裾を三つ折りにして縫う。

*片端を三つ折りにして縫った腰ひもを、同様につける。

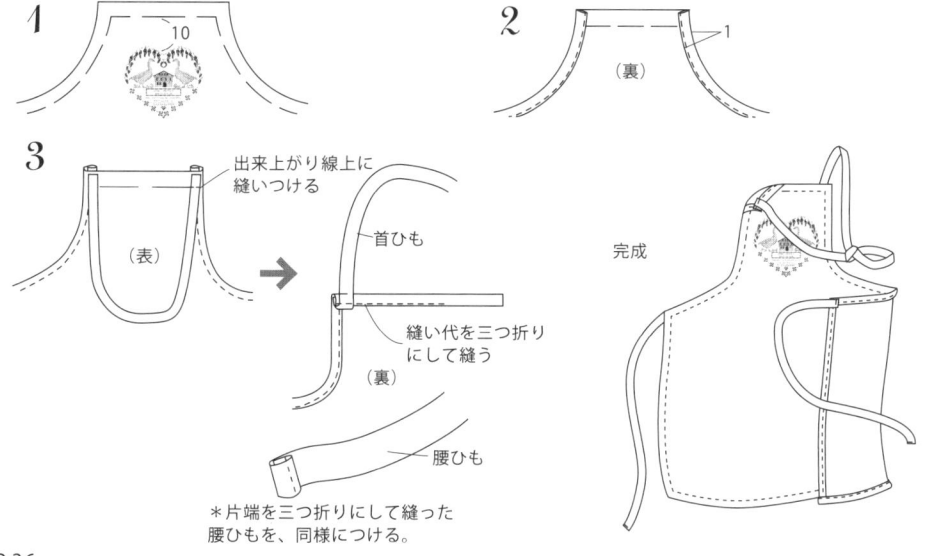

La manique
鍋つかみ… Photo P.39 Chart P.36

材料
- 刺しゅう布　麻布（ホワイト）：21×21cm
- アイロンマット：21×21cm
- バイアステープ（青）（2cm幅）：1.1m
- DMCの刺しゅう糸

出来上がりサイズ
- 21×21cm

刺しゅうのサイズ
- 17.3×17.3cm
- 単位はcm

寸法図

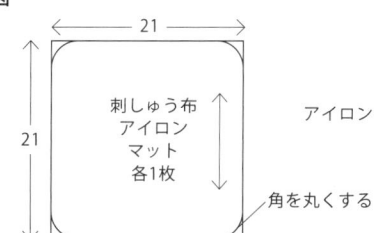

作り方

1. P.36を参照し、刺しゅう布の中央に刺しゅうをする。
2. 刺しゅう布とアイロンマットを外表に合わせ、2枚一緒に端から0.5cmのところをぐるりと縫い合わせる。
3. 縫い合わせた縁をぐるりとバイアステープでくるみ、一つの角にバイアステープを輪にして、掛ける部分を作って縫う。

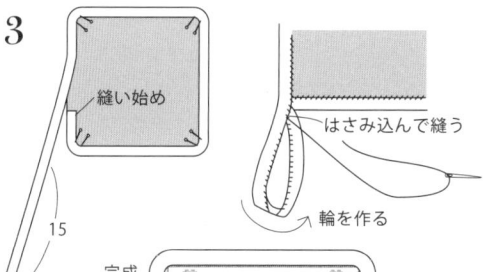

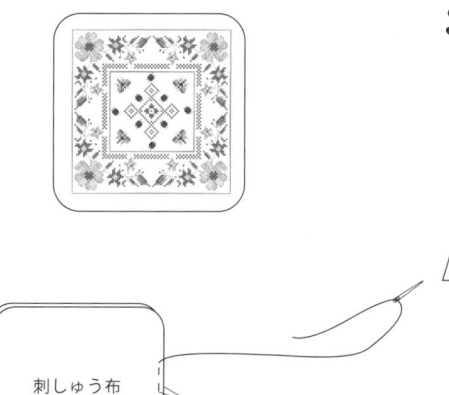

Album-photo
アルバムカバー··· Photo P.47 Chart P.45

材料
- 刺しゅう布　麻布（ベージュ）：65×35.5cm
- A4のファイル（ここでは、23.5×31cmのファイルを使用）
- ブレード（0.5cm幅）：20cm
- チャーム：2個
- ボタン：2個
- 手芸用ボンド
- DMCの刺しゅう糸

出来上がりサイズ
- 49×31.5cm（開いた状態で）

刺しゅうのサイズ
- 21.3×26.4cm
- 単位はcm

寸法図

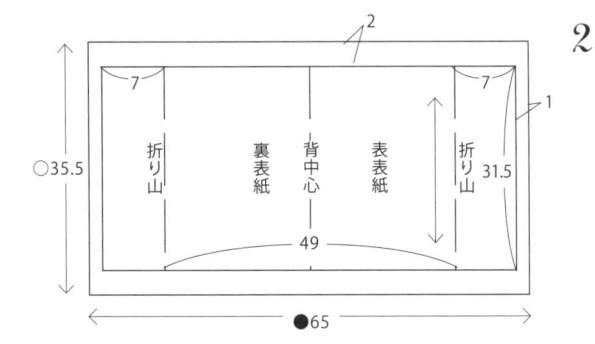

- ●(65) ＝ 47＜23.5（A4ファイル横寸）×2＞＋14（折り返し7×2）＋2（端の折り代）＋2（厚み分）
- ○(35.5) ＝ 31（A4ファイル縦寸）＋4（折り代2×2）＋0.5（ゆとり分）

※縦ゆとり分（0.5）と横厚み分（2）はファイルの厚さ、刺しゅう布の厚みを考慮して決める。

作り方

1. 刺しゅう布の表表紙の中央にモチーフがくるようにP.45を参照して刺しゅうをし、周りをジグザグ縫い（ロックミシン）で始末する。
2. 上下の折り代をアイロンで裏側へ折り、線をつける。
3. アイロン線を一度開き、左右の折り返しの端を裏へ1cm折って縫う。
4. 左右の折り山線で中表に折り、折り返しの部分を上下2cmの縫い代で縫う。この時、ファイルの厚みに合わせて、裏表紙側の折り返し幅（ここでは7cm）を調節する。
5. 折山線で表に返す。
6. ブレードを2等分に切り、それぞれの一方の端を手芸用ボンドで固め、先端にチャームをつける。
7. アルバムカバーの表表紙と裏表紙の端の中央にブレードをそれぞれ縫い留め、その上にボタンをつける。

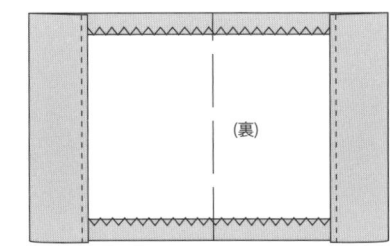

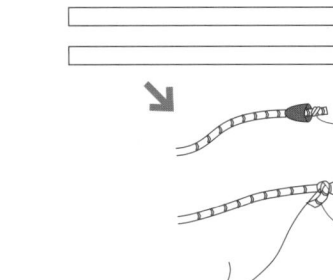

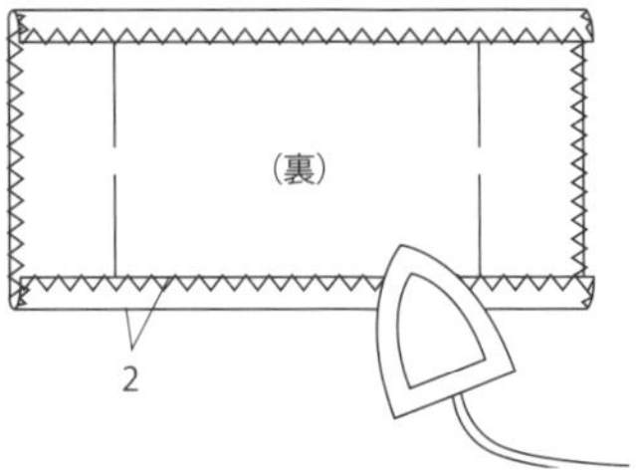

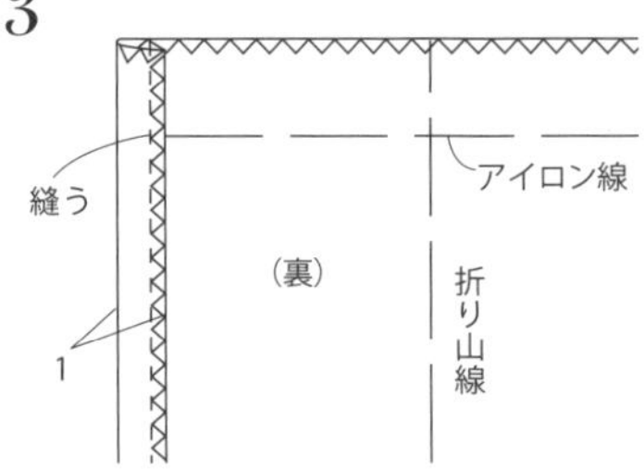

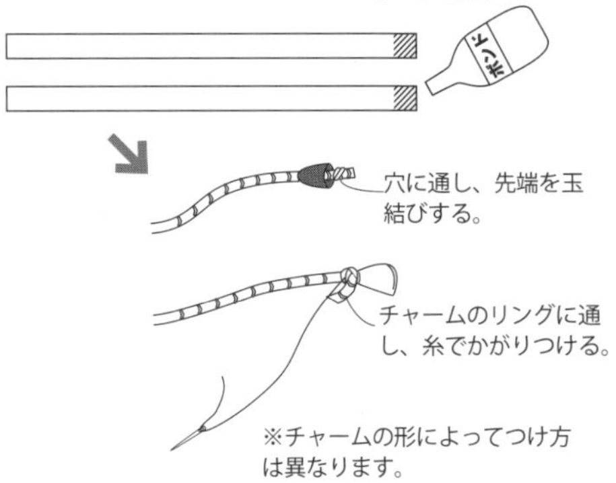

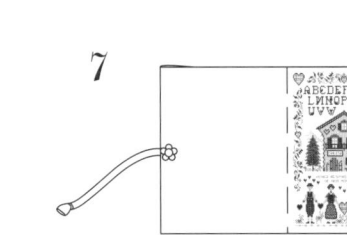

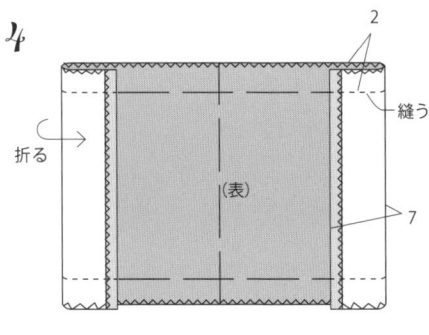

Un cœur à suspendre
ハートのミニクッション… Photo P.53 Chart P.54

材料
- 刺しゅう布　麻布（フィセル）：32×29cm
- 麻布—後ろ布（赤チェック）：32×29cm
- レースのリボン（生成）（1cm幅）：25cm
- ハート型チャーム：1個
- 化繊綿
- DMCの刺しゅう糸

出来上がりサイズ
- 約24×21cm

刺しゅうのサイズ
- 20.2×17.3cm

●単位はcm

寸法図

型紙
刺しゅう布
麻布（赤チェック）各1枚

作り方

1. P.54を参照し、刺しゅう布に刺しゅうをする。
2. 刺しゅう布と麻布（チェック）を中表にして合わせ、6cmの返し口を残して周りを縫う。この時25cmのレースのリボンを半分に折り、ハートのてっぺんにはさみこんでおく。
3. 縫い代のカーブから谷にかけて切り込みを入れ、表に返して形を整える。
4. 綿を詰め、返し口をまつる。
5. ハートの真ん中にチャームをつける。

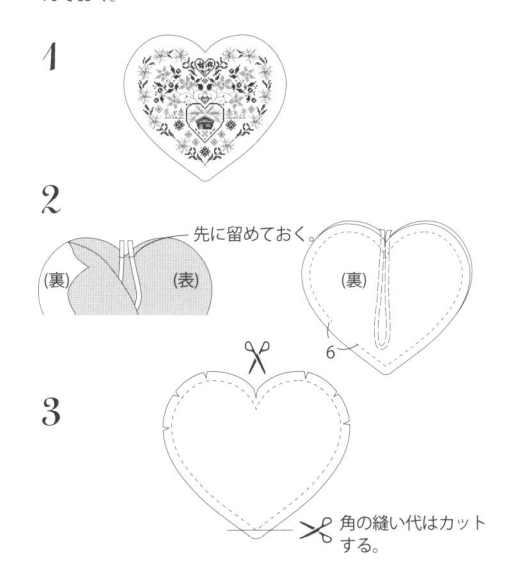

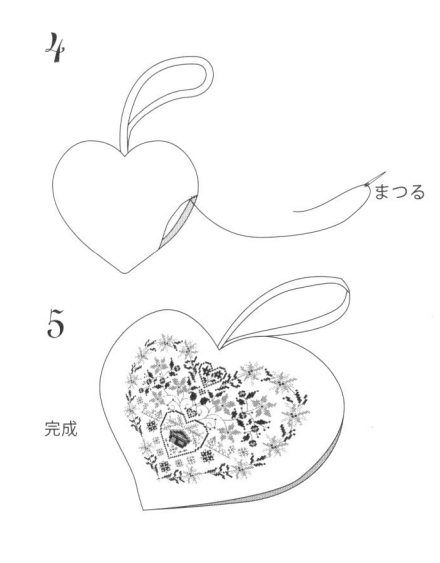

（図：1. 刺しゅう、2. 先に留めておく。（裏）（表）（裏）6、3. 角の縫い代はカットする。4. まつる、5. 完成）

Jolis boutons brodés
刺しゅうのかわいいくるみボタン… Photo P.67 Chart P.66

材料（ハートにブルーのお花の場合）
- 刺しゅう布　麻布（ホワイト）：10×10cm（ボタン1個分）
- くるみボタンのキット（周りをぐし縫いして作るタイプ）（直径3.8cm）：1個
- DMCの刺しゅう糸

出来上がりサイズ
- 直径3.8cm

刺しゅうのサイズ
- 3.5×3.3cm（P.66の左上のハート）

●単位はcm

寸法図

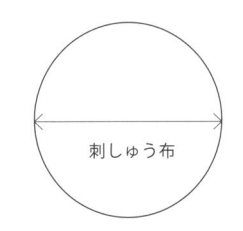

刺しゅう布

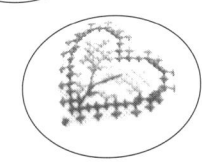

直径はボタンのサイズ×2、またはキットについている型紙を使う。

作り方

1. P.66を参照し、刺しゅう布に刺しゅうをする。
2. ボタンの大きさに応じて刺しゅう布を円形にカットし、周りをぐし縫いする。
3. ボタンの中心にモチーフがくるように糸をしぼり、裏側で留める。
4. 裏側に布地どめをはめ込む。

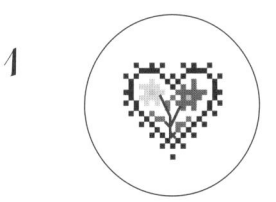

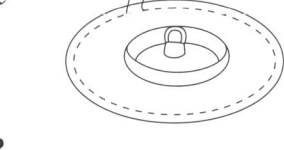

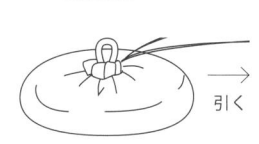

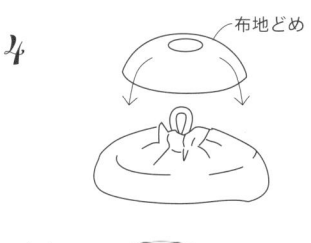

（図：1. 刺しゅう、2. ぐし縫い、3. 引く、4. 布地どめ、完成）

Le porte-clés
キーホルダー ・・・ Photo P.75 Chart P.74

材料
- 刺しゅう布　麻布（薄い黄色）：15×15cm
- 木綿布—後ろ布とひも（黄色のプロヴァンス柄）：15×15cmと4×33cm
- 木綿布—裏布（ピンクのプロヴァンス柄）：15×15cmを2枚
- キーホルダーパーツ（ニコイル、カラビナ）：各1個
- DMCの刺しゅう糸

出来上がりサイズ
- 9.5×11.5cm

刺しゅうのサイズ
- 8.4×8.9cm

- 単位はcm

寸法図

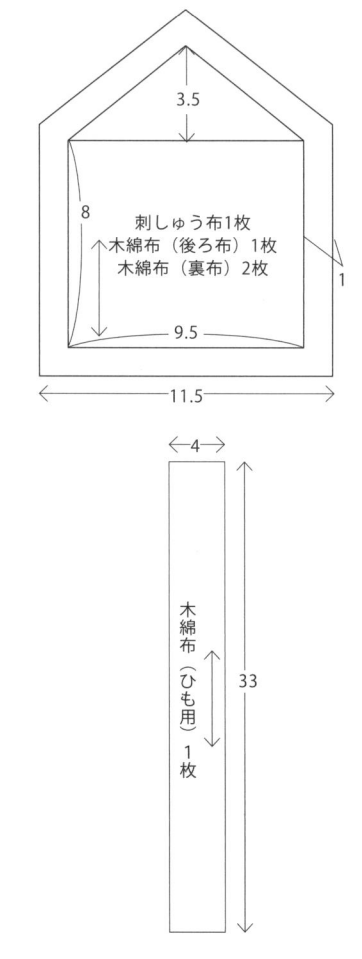

作り方

1. P.74を参照して刺しゅう布に刺しゅうし、寸法図の大きさに切る。
2. 刺しゅう布と黄色い木綿布（後ろ布）を中表にして合わせ、両脇と屋根の部分を縫う。この時、屋根の先端の左右1cmずつ手前で縫い止めておく。
3. 縫い代を割って表に返し、下辺を1cm内側へ折り込む。
4. ピンクの木綿布（裏布）2枚も2と同様に縫い、縫い代を割り、下辺を1cm裏側へ折る。
5. 表布（刺しゅう布）の中に裏布を入れ、下辺の入れ口をぴったり合わせ、まつって縫い合わせる。
6. ひも用の木綿布を1cmの幅になるように両側から折り合わせ、端を縫う。
7. ひもにカラビナを通し、両端を合わせて表側から屋根先端の開口部に入れ、ニコイルを通し、輪になるようにひもの先端を合わせて縫う。

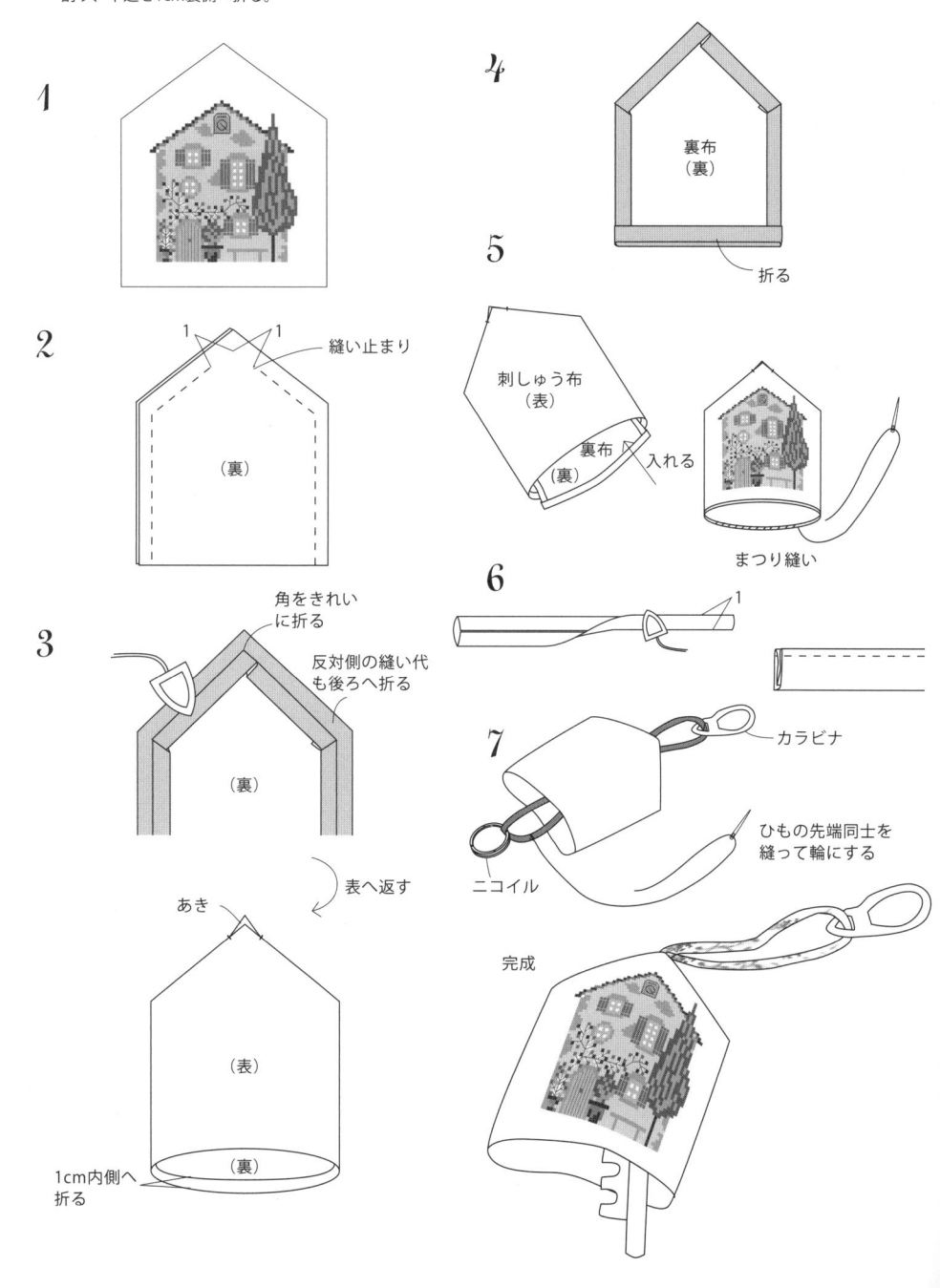

Le biscornu
ビスコーニュ（ピンクッション） ···Photo P.91 Chart P.90

材料
- 刺しゅう布　麻布（ホワイト）：20×20cm
- 木綿布—後ろ布（青のプロヴァンス柄）：13×13cm
- 化繊綿
- DMCの刺しゅう糸

出来上がりサイズ
- 約11×11cm

刺しゅうのサイズ
- 10.4×10.4cm

- 単位はcm

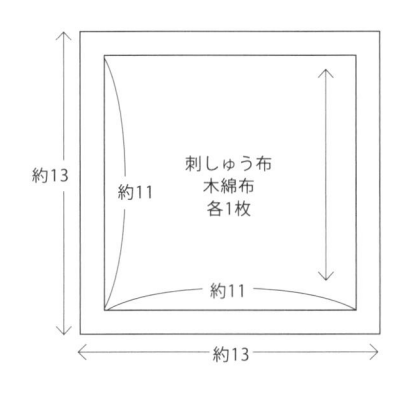

作り方

1. P.90を参照して刺しゅう布に刺しゅうをし、刺しゅう布と木綿布の周囲の縫い代をアイロンで裏へ折り込む。それぞれの辺の中央に合印をつけておく。
   ＊この時、刺しゅう布は周りのハーフステッチから縫い代を1cmつけ、木綿布も同寸にする。

2. 上面（刺しゅう布）の一辺の角を下面（木綿布）の一辺の中央の合印に合わせ、上面の中央（下面の角）から2枚をはぎ合わせていく。

3. 一方の角まできたら他方の角を折り、順番にとじ合わせていく。

4. 残りの一辺になったら綿を詰め、縫い始めの位置までかがって縫い終える。

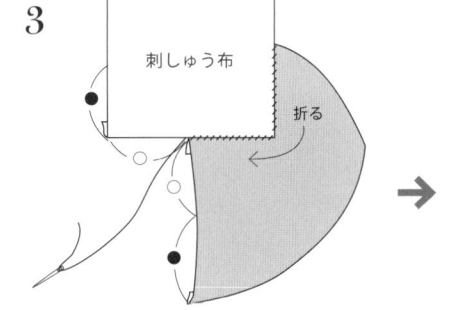

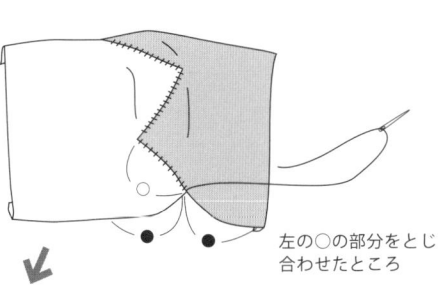

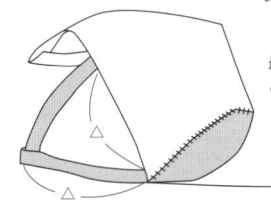

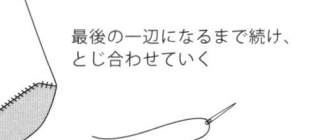

寸法図

（寸法図：刺しゅう布・木綿布 各1枚、約13×13、仕上り約11×11）

1. ステッチぎりぎりのところで縫い代を裏へ折る
   - 刺しゅう布（表）
   - 印　（裏）

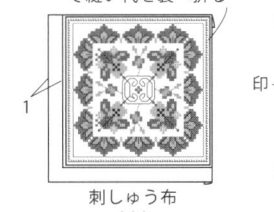

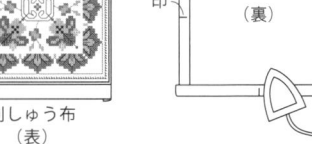

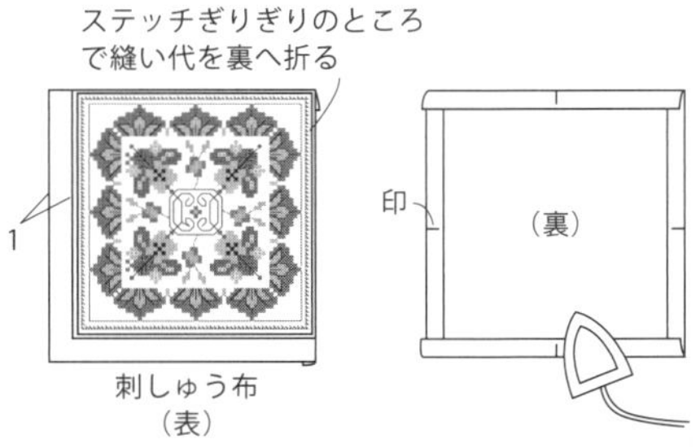

2. 刺しゅう布（表） / 木綿布（表）

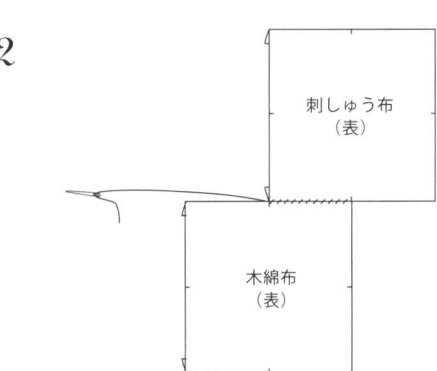

3. 刺しゅう布　折る
   - 左の○の部分をとじ合わせたところ
   - 最後の一辺になるまで続け、とじ合わせていく

4. 綿
   - 最後にかがって縫い終える
   - 横からみた図

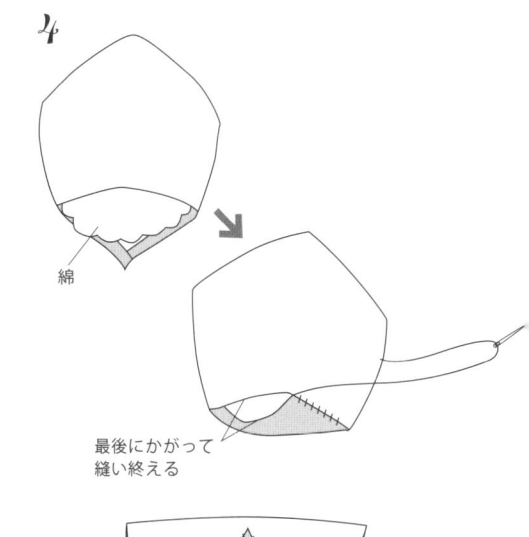

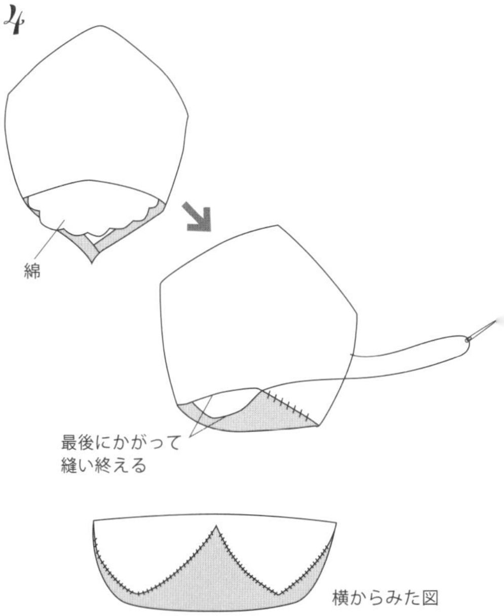

完成

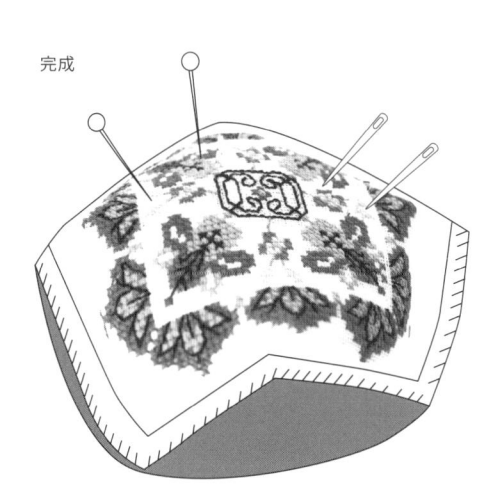

Un sac de plage
ビーチバッグ･･･Photo P.99 Chart P.98

材料
- 刺しゅう布　麻布（ベージュ）：40×13cm
- ストライプの布―バッグの土台と裏地用：40×37cmを4枚、65×9cmを2枚（持ち手用）
- ブレード（0.7cm幅）：80cm
- DMCの刺しゅう糸

出来上がりサイズ
- 37×34cm

刺しゅうのサイズ
- 21.2×6.9cm

- 単位はcm

作り方
1. P.98を参照し、刺しゅう布に刺しゅうをする。
2. 刺しゅう布の上下を1cmずつ裏へ折り帯状にする。ストライプの布1枚の上辺から8cm下に刺しゅう布の上辺がくるように置き、刺しゅう布の上下を縫いつける。
3. ブレードを半分に切り、縫いつけた刺しゅう布の上下の端にのせて縫う。
4. 3の刺しゅう布を縫いつけたバッグ布と、残りのストライプの布1枚を中表に合わせ、両脇と底辺を1.5cmの縫い代で縫う。底の角をつまんで平らにして縫いマチを作る。
5. 残りのストライプの布2枚で裏バッグも同様に作る。この時、底辺に10cmの返し口を残して縫う。
6. 持ち手用のストライプの布を中表にして縦半分に折り、端から1.5cmのところを縫い、縫い代を割って表に返し、持ち手を2本作る。
7. 表に返した表バッグの入れ口に、持ち手を仮止めする。
8. 表バッグと裏バッグを中表にして入れ口を合わせ、1.5cmの縫い代でぐるりと縫う。
9. 返し口から表バッグを引っ張り出して形を整え、返し口をまつる。

寸法図

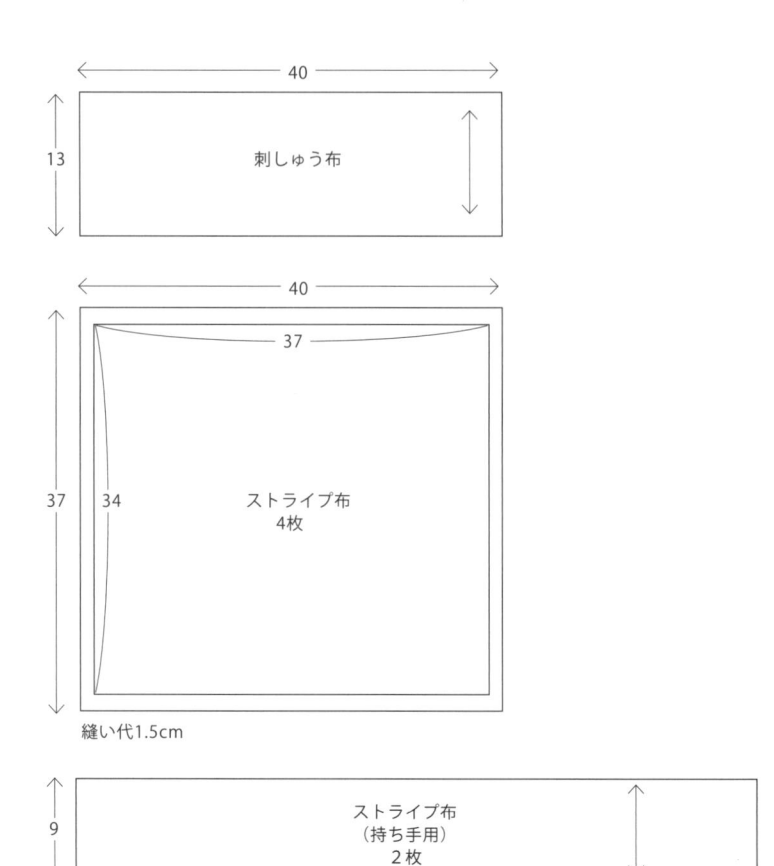

4

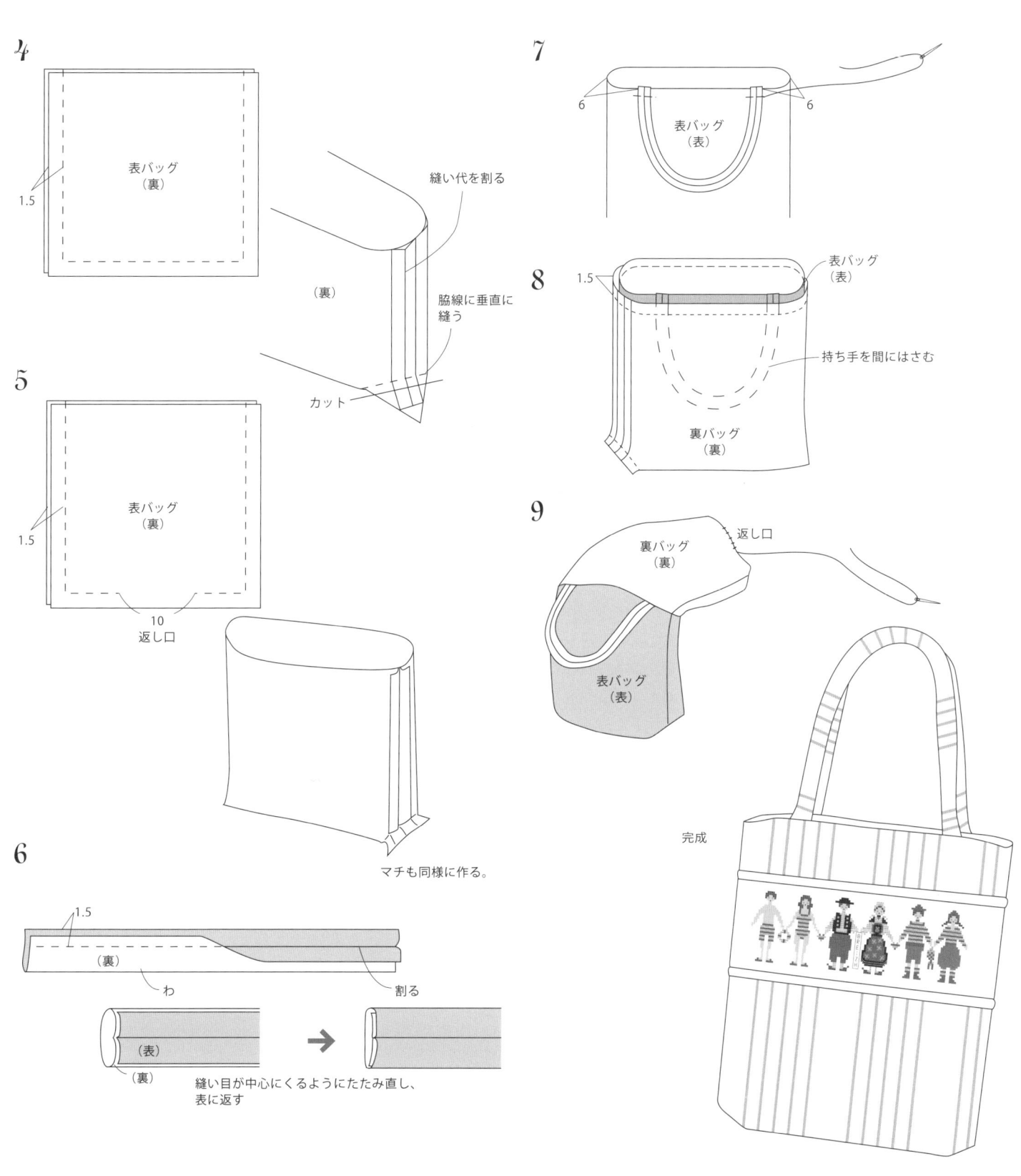

1.5

表バッグ
（裏）

縫い代を割る

（裏）

脇線に垂直に縫う

カット

5

1.5

表バッグ
（裏）

10
返し口

マチも同様に作る。

6

1.5

（裏）

わ

割る

（表）
（裏）

→

縫い目が中心にくるようにたたみ直し、表に返す

7

6 表バッグ（表） 6

8

1.5

表バッグ
（表）

持ち手を間にはさむ

裏バッグ
（裏）

9

裏バッグ
（裏）

返し口

表バッグ
（表）

完成

フランスのかわいい村のクロスステッチ
―― 240点のモチーフでつづるフランスの香り ――

2013年10月25日　初版第1刷発行
2017年12月25日　初版第2刷発行

著者	マリー=アンヌ・レトレ=メラン（Marie-Anne Réthoret-Mélin）
発行者	長瀬 聡
発行所	株式会社グラフィック社
	〒102-0073　東京都千代田区九段北1-14-17
	Phone: 03-3263-4318　Fax: 03-3263-5297
	http://www.graphicsha.co.jp
	振替00130-6-114345
印刷製本	図書印刷株式会社

乱丁・落丁本はお取り替えいたします。
本書掲載の図版・文章の無断掲載・借用・複写を禁じます。
本書のコピー、スキャン、デジタル化等の無断複製は著作権法上の例外を除き禁じられています。本書を代行業者等の第三者に依頼してスキャンやデジタル化することは、たとえ個人や家庭内での利用であっても著作権法上認められておりません。

ISBN978-4-7661-2506-1 C2077

Japanese text and instruction page 120 -127 © 2013 Graphic-sha Publishing Co., Ltd.

Printed and bound in Japan

和文版制作スタッフ

翻訳	柴田里芽
扉テキスト執筆	柴田里芽
組版	石岡真一
作り方ページ制作	田中彰子
カバーデザイン	北谷千顕（CRK DESIGN）
編集・制作進行	坂本久美子（グラフィック社）

本書に掲載されているクロスステッチの作品写真は、フランス語版原著に基づいています。
一部、チャートと違っている場合もございます。作品写真は、イメージとしてお楽しみください。

本書では「ハーフクロスステッチ」を「ハーフステッチ」と表記しています。